篮球运动训练研究

曲俊义◎著

中国戏剧出版社
CHINA THEATRE PRESS

图书在版编目（CIP）数据

篮球运动训练研究 / 曲俊义著． -- 北京：中国戏剧出版社，2024. 5. -- ISBN 978-7-104-05508-2

Ⅰ．G841.2

中国国家版本馆 CIP 数据核字第 2024N9V112 号

篮球运动训练研究

责任编辑： 肖　楠
项目统筹： 杨秋伟
责任印制： 冯志强

出版发行：	中国戏剧出版社
出 版 人：	樊国宾
社　　址：	北京市西城区天宁寺前街 2 号国家音乐产业基地 L 座
邮　　编：	100055
网　　址：	www.theatrebook.cn
电　　话：	010-63385980（总编室）　　010-63381560（发行部）
传　　真：	010-63381560

读者服务：010-63381560
邮购地址：北京市西城区天宁寺前街 2 号国家音乐产业基地 L 座

印　　刷：	天津和萱印刷有限公司
开　　本：	787mm×1092mm　1/16
印　　张：	11.5
字　　数：	206 千字
版　　次：	2024 年 5 月　北京第 1 版第 1 次印刷
书　　号：	ISBN 978-7-104-05508-2
定　　价：	66.00 元

版权专有，违者必究；如有质量问题，请与出版社联系调换。

前　言

篮球运动起源美国。1891年12月21日，由美国马萨诸塞州斯普林菲尔德市基督教青年会训练学校（Springfield College，现译名为美国春田大学）体育教师詹姆士·奈史密斯（James Naismith）发明。它以其独特的魅力吸引了成千上万的爱好者，已成为当今体坛最重要的竞赛项目之一，广受人们的青睐。篮球运动自传入中国以来，就根植于学校这片肥沃的土壤，这说明篮球运动的发展与学校篮球运动的发展有着密不可分的联系。随着中国男子篮球职业联赛（Chinese Basketball Association，CBA）、中国大学生篮球联赛（Chinese University Basketball Association，CUBAL）等篮球联赛的举办，中国的篮球运动也进入了空前的发展时期，越来越多的人喜爱并积极参与这项运动。

篮球运动作为一项群众基础广泛的运动，深受社会大众的喜爱，并对人们的身心健康起到了极大的促进作用。而篮球特有的技战术魅力、联赛文化，也在不断地吸引着人们参与其中。它既可以达到锻炼身体的目的，也对增强团队合作意识、提升个人素质有着良好的促进作用。随着社会经济的快速发展，人们的富裕程度逐渐提高，中国体育事业也取得了令人瞩目的成就。群众体育蓬勃发展，竞技体育屡创佳绩。尤其是奥运会的成功举办，使全民健身的浪潮席卷而来，这既是压力也是动力。而与其他运动项目在改革过程中所面临的困境相比，中国篮球事业的稳步发展，使社会对篮球项目的职业化改革充满了期待，也为篮球运动的理论及现代探索提供了良好的社会氛围。

篮球运动是一项充满激情与创新的集体性球类运动，其多元运动价值和独特运动魅力使得诸多篮球运动员、教练、球迷被其深深吸引并积极参与其中。当前，在体育全球化发展形势下，篮球运动发展也进入了一个新的发展时期，中国篮球运动拥有着良好的发展环境和发展机遇，竞技篮球、大众篮球、校园篮球等的发展态势良好，全社会篮球运动文化氛围已经形成，这也引发了对中国篮球运动的发展走向和前景的新思考。

体育教学中的篮球运动，是一项集体对抗的球类游戏项目。除了具有一般运动项目的锻炼价值，篮球运动复杂多变的比赛过程，能增强神经系统的灵活性，进而提高大脑的分析能力和应变能力。竞争对抗的游戏形式，能提高学生参与的兴趣，培养学生的美育情感，以及学生的顽强拼搏精神，提高学生的自信心和心理自我调控能力。比赛中的集体配合，可以培养学生的团队精神，提高学生正确处理人际关系的能力。篮球技能的掌握可以增加人的运动经验积累，能为今后学习其他运动项目提供一定的帮助。

专业训练中的篮球运动，是决定比赛胜负的竞技载体。运动员在专业教练的指导下，长期进行科学的、有规律的训练，能够在职业赛场领域为国家，为俱乐部、为球队、为个人赢得荣誉。篮球运动属于高度技能化集体竞技运动项目，具有技战术组合与方法运用的高度复杂性和瞬时多变性。现代篮球比赛是在高强度对抗条件下的技战术、体能、心理、智能以及其他比赛影响因素等诸方面综合能力与实力的全面抗衡、相互制衡与博弈。如何科学有效地安排运动训练的负荷，达到不断提高运动员竞技能力的目标，一直是篮球运动参与主体特别是体育科技工作者和教练潜心钻研和努力求索的重点方向。

在撰写本书的过程中，笔者参考了诸多学术文献，得到了许多专家学者的帮助，在此表示真诚感谢。本书内容系统全面，论述条理清晰、深入浅出，但由于笔者水平有限，书中难免有疏漏之处，希望广大同行及时指正。

曲俊义

2024 年 4 月

目录

前　言 ·· 1

第一章　篮球运动概述 ·· 1
　　第一节　篮球运动的起源与发展 ································ 2
　　第二节　篮球运动的价值、功能及特点 ····················· 10
　　第三节　现代篮球运动的特点与规律 ························ 17
　　第四节　世界篮球运动的发展趋势与展望 ·················· 22

第二章　篮球运动员的体能训练 ····································· 25
　　第一节　力量与速度素质训练 ································· 26
　　第二节　灵敏与耐力素质训练 ································· 34
　　第三节　柔韧与弹跳素质训练 ································· 39

第三章　篮球运动员的技术训练 ····································· 43
　　第一节　球性递进训练 ··· 44
　　第二节　移动训练 ··· 63
　　第三节　运球递进训练 ··· 77

第四章　篮球运动员的心理训练 ····································· 91
　　第一节　篮球运动员的动机训练 ······························ 92
　　第二节　篮球运动员的注意力训练 ··························· 97

第三节　篮球运动员投篮的心理训练 ⋯⋯⋯⋯⋯⋯⋯⋯⋯⋯ 103
　　第四节　篮球运动员防守的心理训练 ⋯⋯⋯⋯⋯⋯⋯⋯⋯⋯ 110

第五章　篮球训练的安全与营养保健 ⋯⋯⋯⋯⋯⋯⋯⋯⋯⋯⋯⋯ 117
　　第一节　篮球运动员的合理营养 ⋯⋯⋯⋯⋯⋯⋯⋯⋯⋯⋯⋯ 118
　　第二节　篮球训练的疲劳消除 ⋯⋯⋯⋯⋯⋯⋯⋯⋯⋯⋯⋯⋯ 127
　　第三节　篮球训练的运动损伤与防护 ⋯⋯⋯⋯⋯⋯⋯⋯⋯⋯ 132

第六章　中国篮球运动的发展 ⋯⋯⋯⋯⋯⋯⋯⋯⋯⋯⋯⋯⋯⋯⋯ 147
　　第一节　中国篮球运动的发展概况 ⋯⋯⋯⋯⋯⋯⋯⋯⋯⋯⋯ 148
　　第二节　中国高校篮球的发展概况 ⋯⋯⋯⋯⋯⋯⋯⋯⋯⋯⋯ 152
　　第三节　中国竞技篮球的职业化发展 ⋯⋯⋯⋯⋯⋯⋯⋯⋯⋯ 156

参考文献 ⋯⋯⋯⋯⋯⋯⋯⋯⋯⋯⋯⋯⋯⋯⋯⋯⋯⋯⋯⋯⋯⋯⋯⋯ 171

第一章　篮球运动概述

篮球运动是一项集体性、综合性的运动。它是在特定规则的限制下，将球投入对方球篮得分，并阻止对方获球或得分的一项运动，它是以篮球为工具，以竞赛为主要手段，在特定的时空范围内，以专门的规则、方法和集体攻守对抗形式进行的一项极具竞技性、观赏性和趣味性的现代体育运动项目。篮球运动既是一项综合性的游戏，又是一个现代竞技体育运动项目。篮球运动适合每一个人，无论男女老少都可以参加。它以其独特的魅力，经过百余年的演进发展，已从单一的体育运动项目逐渐成为当今世界体坛重要的竞技运动项目，得到亿万人的喜爱和参与，是当今世界开展得非常普遍的运动之一。五大洲 200 多个国家和地区数以亿计的篮球爱好者参与这项运动或热心观赏篮球赛事。篮球运动已经成为一种文化现象，同时也是现代文明进步的体现，是人们业余文化生活的重要组成部分。现如今，世界篮球竞技运动已经成为一种新兴的现代体育产业和国际交流的工具，它把世界各国人民广泛地联合起来。本章为篮球运动概述，分别介绍了篮球运动的起源与发展、篮球运动的价值、功能及特点，以及现代篮球运动的特点与规律和世界篮球运动的发展趋势与展望四个方面的内容。

第一节 篮球运动的起源与发展

一、篮球运动的起源

篮球运动是1891年由美国东部马萨诸塞州斯普林菲尔德市基督教青年会训练学校体育教师奈史密斯博士根据当时的条件，综合多种游戏活动而设计发明的。他从工人和儿童用球向桃筐投准的游戏中得到启发，设计了一种互相向桃筐投皮球的游戏。最初当地人把篮球称为"奈史密斯球"或"筐球"。由于马萨诸塞州的冬季较为寒冷，11月室外运动就不得不停止，室内运动又仅有体操，人们缺乏在室内进行的体育活动。学校要求奈史密斯先生设计一种冬季在室内进行的集体游戏，他便将这一最初在室外进行的篮球游戏移至室内，方便学生在室内开展体育活动。在室内做此游戏时，奈史密斯把篮筐悬挂于室内两侧离地面约10英尺处（1英尺=0.3048米，10英尺=3.048米，约3.05米，即现用篮圈高度）的墙壁上，选用足球向篮内投掷，投入篮内得1分，以得分多少决定胜负。之后，将篮筐底部取消，悬挂在两端墙壁的立柱支架上，为避免将球投掷到场外而影响观看者，曾在篮筐后部设立了大小不同的挡网，类似在大网的笼中活动，因此一些国家以及一些书刊中至今仍将篮球运动称为笼球运动。由于篮球运动具有较强的对抗性，便制定了某些限制性规定，并且不断地改进比赛方式，使篮球游戏得到逐步完善并向现代篮球运动过渡。如今，篮球运动已经成为世界上人们最喜爱的体育运动之一。

篮球运动最开始是一种游戏，没有明确的游戏规则，对于场地大小、参加人数多少、比赛时间长短均无限制。1891年12月21日，奈史密斯所执教的班级学生进行了第一次试验性比赛，全班18个人，分为两队，每队9人。比赛开始时，把球抛向中场的两队队长中间，双方开始争抢篮球，比赛进行得非常激烈，队员的热情很高。由于这种比赛容易掌握、趣味性强，很受大家的欢迎，因此在学员中很快流行起来，促进了篮球运动的发展。为了避免粗野动作和伤害事故的发生，使游戏更加规范化，奈史密斯在1892年制定了《青年会篮球规则》，其内容归纳为5条原则、13条规则，并对比赛时间、设施、场地、球做了限定。比赛时间为上、下半场各 15 分钟，上场比赛人数由每队 9 人变为 7 人；1893 年，上场比赛人数再由 7 人变为 5 人。

二、篮球运动发展的五个时期

（一）初创传播时期

自 1891 年奈史密斯发明篮球游戏，成为地域性民间乡土娱乐文化活动后，篮球运动以其新颖的比赛方式、对抗的竞争特点，吸引了大量的体育爱好者。经过一个时期的传播，篮球运动便从学校走向社会，传向国外。篮球运动先后于 1892 年传入墨西哥，1893 年传入法国，1895 年传入中国、英国，1896 年传入巴西，1897 年传入捷克，1901 年传入日本、伊朗，1905 年传入俄国、古巴，1907 年传入意大利，1908 年传入波兰、瑞士，1911 年传入秘鲁，逐渐传播开来。

这一时期的篮球运动有以下主要特点：

（1）技术特点：攻守技术简单，普遍限于双手做几个基本动作。

（2）战术特点：无明显成形的全队配合战术，以单兵作战为主要攻守形式，队员有位置分工，分别处于不同区域。进攻以快攻和简单的传切、掩护配合为主，防守以固定区域的人盯人防守为主，战术配合处于朦胧阶段。

（3）规则演进特点：篮球运动发明后，为了使这项运动进一步开展，奈史密斯于 1892 年制定了简单的篮球规则，即《青年会篮球规则》，其内容可归纳为 5 项原则、13 条规则，包括篮圈高度为 10 英尺；采用大而轻、便于双手控制的球作为竞赛工具；场地大小不限，双方参赛人数无明确规定，只要上场人数相等即可；投中一球得 1 分，得分多者为胜；每次得分后均从中间抛球重新开始比赛；比赛时间分为上下半场（各 15 分钟）进行；比赛设两名裁判员，主裁判是球员的裁判员，负责宣判犯规；副裁判是球的裁判员，负责计时和记分等方面。1893—1897 年，进一步充实了规则，简化了竞赛程序，由中圈跳球开始比赛；队员可换手运球；增加犯规罚球规定，进攻投中一球得 2 分，罚中一球得 1 分；队员位置出现锋、卫分工。1901 年规定运球队员不能投篮，1908 年取消此规定。

（4）场地器材的特点：1891 年初创期的篮球运动，场地大小不等，仅在一块狭长的空地两端各放一只桃筐，展开攻守对抗。为使比赛合理进行，1892年奈史密斯将比赛场地划分为3段区域：以进攻为例，通常称为后场、中场和前场。1893年，改进了篮圈，逐步开始使用带篮网的铁质篮圈、木质篮板和系带球；将场地面积限定为100英尺×50英尺、90英尺×45英尺和70英尺×35英尺3种规格，场地增画了分区线、中圈、限制区和罚球线；至1915年在美国国内统一了篮球比赛规则之后，比赛场地又逐步变革，增画了各种区位的限制线，如中圈及罚球线，不久又增加了中线。篮圈也使用了较规范的铁圈，篮圈后部的挡网也被木质的不规则挡板替代并与篮圈连接，类似现代使用的篮板装置。20世纪20年代末，球场有了电灯泡式的限制区和罚球时攻、守队员的站位区。

（二）完善传播时期

篮球运动迅速发展，迫切需要一个国际性的权威机构协调各国的篮球运动，1932年6月18日国际业余篮球联合会（1990年更名为国际篮球联合会，以下简称国际篮联）在瑞士日内瓦宣布成立，总部设在意大利的罗马，当时共有葡萄牙等8个国家参加。国际篮联成立后的主要任务是统一世界各国的篮球竞赛规则，并把男子篮球运动推荐为奥运会正式比赛项目。1936年，男子篮球运动在德国举行的第11届奥林匹克运动会上被列入正式比赛项目。由此，篮球运动在全球迅速开展和传播，标志着现代竞技篮球运动正式诞生。

这一时期篮球运动的主要特点如下：

（1）技术特点：出现单手传接球和投篮以及行进间双手交替运球技术，开始运用简单的组合技术，并不断创新，手部和脚步各种技术动作衔接速度加快。

（2）战术特点：攻守中单兵作战减少，进攻中注意较多运用快攻、掩护、突分等几个人战术配合。防守时开始强调集体性，人盯人防守与区域联防被交替采用。

（3）规则演进特点：1932年，规则增订了3秒、5秒、10秒和球回后场的规定；增画中线和增改了进攻限制区；确定了球场面积为26米×14米；比赛时间为20分钟一节，比赛分两节。1936年，第11届奥运会期间，国际篮联推出了第一部国际统一的篮球规则，规则中正式确定了每队上场比赛人数为5人；取消投中后在中圈跳球的规定，改由对方在端线外发球继续比赛；度量单位改为国际通用的米、克，避免了由于度量单位不同而产生的麻烦；规则的又一贡献是由单裁判员临场制改为双裁判员临场制，不仅提高了裁判员判罚的准确性，而且也有利于竞技水平的提高，促进篮球运动的发展。进入20世纪40年代以后，将进攻限制区扩大为5.8米，规定队员累计犯规4次将被取消比赛资格。

（4）场地器材的特点：1932年，对场地进行了修改，增改了进攻限制区，将当时电灯泡式的罚球区扩大为直线罚球区，即3秒限制区。到了20世纪40年代，篮板有了规范的长方形和扇形两种。球场上的中圈分为跳圈和禁圈两个同心圆，球场罚球区的两侧至端线，明确分设了争抢篮板球的队员分区站位线等。

随着初创传播时期向完善推广时期发展，社会上掀起了现代篮球运动飞跃发展的"第一次浪潮"。

（三）普及成熟时期

进入20世纪50年代后，随着篮球运动技战术的创新发展，规则与技战术之间不断制约与相互促进，高度成为决定现代篮球竞赛结果的重要因素之一。由此，一种利用高大队员强攻篮下的中锋打法风靡一时，篮球运动进入了一个向体形"高大化"发展的新时期。特别是1950年和1953年在阿根廷和智利举行的首届世界男、女篮球锦标赛上，高大队员威震篮坛，国际上开始有了"得高大中锋者得篮球天下"的说法。60年代末，世界篮球运动开始形成以美国队为代表的高度、速度与技巧相结合的美洲打法，以苏联为代表的高度、力量相结合的欧洲打法，以中国、韩国为代表的快、灵、准相结合的亚洲打法。可见，篮球运动已进入普及成熟的新时期。

这一时期的篮球运动有以下主要特点：

（1）技术特点：高度、速度、力量、技巧相结合，运动员技术向全面化方向发展。

（2）战术特点：进攻中快攻、传切、突分以及利用高大中锋强攻和在阵地进攻中组织策应配合广泛应用，防守战术虽以区域联防和人盯人为主，但全场紧逼人盯人防守和混合防守也不断应变运用。

（3）规则演进特点：随着高大运动员的大量涌现，1956年以后，将进攻限制区扩大为 5.8 米 ×3.6 米的梯形，并取消中线，增加一次进攻限定为 30 秒和持球队员在前场被严密防守达 5 秒应判争球的规定。

（4）场地器材的特点：进入 20 世纪五六十年代后，一种固定的利用高大队员强攻篮下的中锋打法风行一时，特别是自 1950 年和 1953 年分别在阿根廷和智利举行了首届世界男、女篮球锦标赛后，高大队员威震篮坛的趋势，给国际篮球运动带来了新冲击，迫使篮球规则在场地、区域划分上对进攻队增加了新的限制，即将篮下门字形限制区扩大成梯形限制区。

（四）全面提高时期

20 世纪 70 年代后，身高 2 米以上队员大量涌现，篮球竞赛空间争夺越发激烈，高度与速度的矛盾更加尖锐。1973—1978 年，篮球竞赛规则又进行了多次调整，促使攻防技战术在新的条件制约下，在注重高度、速度发展的同时，向智慧、灵巧、准确、多变的方向创新发展。尤其自 1976 年第 21 届奥运会篮球赛和 1978 年第 8 届世界男子篮球锦标赛后，高身材、高技巧、高速度、多变化、高比分的趋势有了进一步发展，到 20 世纪 80 年代则更为突出和明显。篮球运动跨入了全面提高的新时期。

这一时期的篮球运动有以下主要特点：

（1）技术特点：运动员技术全面发展，进攻中的对抗技术、快速技术和高空技术在综合运用中趋于技巧化，个人攻击能力加强；防守技术更具威胁性和破坏性，个人防守水平和防守能力有了较大的提高。

（2）战术特点：单一、固定阵势的进攻战术打法已被综合移动进攻战术所取代，防守战术的攻击性、破坏性、综合性、集体性防守形式被广泛运用。

（3）规则演进特点：20 世纪 70 年代以后，增加了球回后场、控制球队犯规和全队 10 次犯规的规则；规定对投篮队员犯规，投中有效再追加 1 次罚球，如未投中则实行"3 代 2"罚球。至 80 年代，又将"垂直原则"和"合法防守位置"等身体接触的原则正式列入规则。1984 年，扩大球场面积为 28 米 ×15 米，规定球场上空高度在 7.5 米以上，设立 3 分投篮区，增加全队每半时 7 次犯规后执行"1+1 罚球"的规则。本次规则的修改对篮球运动的迅速、全面发展起到了决定性作用。

（4）场地器材的特点：20 世纪 80 年代中期篮球竞赛规则对场地进

行了再次修改，增设了远投区。其间，由普及成熟时期向全面提高时期发展，即掀起了现代篮球运动飞跃发展的"第二次浪潮"。

（五）创新飞跃时期

自1992年国际奥委会允许职业篮球运动员参加奥运会和世界篮球锦标赛以及大型洲际以上国际篮球比赛后，篮球运动进入了新的里程、新的时代，进入了全球大众篮球蓬勃发展，职业篮球方兴未艾，以科技、人文为依托，以谋略竞争、创新发展为动力，以运动员个性、智慧、体能、体质、技巧、素质、素养为基础，以智、悍、高、快、准、巧、灵、变为特征的新的技术、战术展现的发展阶段，进一步体现了当今篮球运动融科技化、人文化、智能化、个性化、集群化、技艺化、观赏化、职业化、商业化和产业化为一体的特征，呈现了现代篮球运动的当代化色彩。

这一时期篮球运动的主要特点如下：

（1）技战术特点：集高、壮、强、快、巧于一身的优秀高大运动员大量涌现，其身体素质、技术水平和战术意识都有大幅度提高；高空技术、高空战术有新的发展，高空争夺日趋激烈，身体对抗加剧；快速技战术和攻守转换战术有新的发展，篮球比赛3分球得分越来越高；明星队员的作用成为世界强队取胜的保证；进攻技战术趋于简练、实用和多变，并向立体型方向发展；个人防守能力越发重要，其中"以球为主"的防守理念正向以"防人为主"的防守理念转化，防守行动更具攻击性、破坏性、凶悍性（压迫性）和协同性；女子篮球技战术趋向男子化。

（2）规则演进特点：1990年，为保护运动员和规范球场，规则规定将篮板下沿提高至距地面2.90米，并增设球队席区域。1994年，国际篮联进一步修改规则，改"1+1罚球"为两次罚球等。1998年，为适应篮球运动技战术的迅速发展、对抗强度的加剧和商业化、职业化的需求，国际篮联再一次修改规则：允许选择2×20分钟或4×12分钟的比赛时间；对比赛中附带的身体接触要用"有利/无利"的原则加以区分；增加违反体育道德的技术犯规规定；在比赛的最后两分钟内，投篮成功后要停止比赛计时钟等。1999年12月，国际篮联宣布新的篮球规则于2000年奥运会后实行。主要包括比赛时间调整为4×10分钟，一次进攻时间由30秒改为24秒，由后场推进到前场的时间由10秒改为8秒，每队每节犯规4次以后所有的犯规都要处以两次罚球，奥运会和世界篮球锦标赛可实行三人裁判制，等等。这些变化，对防守提出了更高的要求，使比赛更加快速，对抗更为激烈，进一步提高了比赛的拼斗性、激情和观赏性魅力。

（3）场地器材的特点：1994年，国际篮联因运动员身材高度普遍增长、制空争夺凶悍、空间拼抢激烈，对篮球场地器材进行了某些修改，缩小了篮板周边的尺度，增设了篮板周边的胶皮保护圈。

创新飞跃时期即掀起了现代篮球运动发展的"第三次浪潮"。

三、世界篮球运动的格局与技战术流派

进入21世纪，世界篮球运动的职业化步伐加快，随着高水平职业运动员在世界范围内的流动，职业篮球运动的影响在世界范围内不断扩大，具备高超技战术水平的明星球员带动了世界区域性篮球运动的发展，使世界篮球运动逐步形成了新的格局与流派。

（一）世界篮球运动竞技水平的格局

透视第32届东京奥运会与2019年国际篮联篮球世界杯优胜名次的分布情况，当今世界篮坛比赛名次升降交替，已形成新的多足鼎立的格局。男篮：南美洲的阿根廷、巴西，欧洲的意大利、塞尔维亚、德国、西班牙、希腊、立陶宛，北美洲的美国等篮球强国已形成第一集团；大洋洲的澳大利亚、新西兰，南美洲的波多黎各和巴拉圭，欧洲的俄罗斯等队紧随其后形成第二集团；非洲的安哥拉以及亚洲的中国等队总体实力仍处于第三集团。女篮：北美洲的美国，大洋洲的澳大利亚，欧洲的俄罗斯，南美洲的巴西形成新的四强，处于第一集团；美洲的古巴，欧洲的捷克、西班牙、希腊和亚洲的中国队等处于第二集团；大洋洲的新西兰，亚洲的日本、韩国、中国台北和非洲的尼日利亚等队处于第三集团。然而随着世界篮球运动在全球范围内的广泛交流与融合，世界竞技篮球运动的格局也在不断起伏变化，从而推动着世界篮球运动向动态的、多元的、多变的方向发展。

（二）世界篮球运动技战术的流派

由于地域性篮球文化的交融，形成了世界丰富多彩的篮球文化，世界篮球运动已形成不同风格、不同流派、不同打法的特点。

1. 美洲型打法

美洲型打法是以美国队为代表形成的一种风格与流派。美洲区域为篮球运动的发源地，整体身高比欧洲并不占绝对优势，而是突出强调个人技能、体能（速度、技巧）及立体型攻防打法与变化；其他各国的打法、风格基本相似，以技巧与特殊的体能条件相结合，总体上体现了基本技术好、个体攻守能力和技艺水平高、整体实力强的特点。美洲型球队中的运动员体能强、速度快、弹跳力好、爆发力强、技术娴熟，经常运用高空补篮、扣篮和盖帽等高难动作，且擅长突破，辅以外围远投，并注重个人攻击能力的发挥。队员在球场上展现的是拼斗和争胜负，个人价值观念的"唯我独尊"是每一名运动员的共同特征。

2. 欧洲型打法

以俄罗斯队、塞尔维亚和立陶宛等队为代表的欧洲型打法则显现出另一种风格与流派。基本打法以粗犷、凶悍、整体作战为主，体现了高、狠、准的传统特点，讲究整体实力，普遍在身高和力量上占优势。如希腊、俄罗斯、克罗地亚、意大利、塞尔维亚等欧洲强队，不仅中锋身高超过2.10米，而且前锋也在2米以上。他们的指导思想是以高快结合为主，强调集体配合，注重内外结合，重视进攻节奏，防守中重视个体与整体性、攻击性的积极协同，充分发挥集体作用，尤其是塞尔维亚、德国、立陶宛等欧洲队，都有高水平球星在美国职业篮球联赛（National Basketball Association，NBA）征战。他们技术娴熟、积极快速、投篮准确、拼抢凶狠、攻防转换衔接主动，能很好地掌握与捕捉战机。

3. 大洋洲型打法

大洋洲型打法是以澳大利亚为代表的一种欧、美型打法相交融，又与自身优势相结合的风格与流派。其特点是队员身材高大、作风顽强、攻防转换速度快、配合默契。防守时重视采用人盯人防守战术压逼对手，阵地进攻中惯用双中锋进攻与掩护配合，比赛中主动掌握节奏，擅长在进攻中以内线强攻、外线掩护后中远距离投篮取胜。

4. 亚洲型打法

亚洲篮球运动比较普及，开展区域主要集中在东亚，以韩国、日本和中国为代表；随着全球化进程的加快，近年来西亚篮球发展水平也不断提高。亚洲型打法的技术特点是以小打大、快速、灵活、准确、突破能力强、整体防守好，将技艺、智谋和顽强作风相结合。而中国队在亚洲已处于最高水平，球员身高目前已超欧、美强队，因此中国队在不断完善亚洲型打法的同时，也注重向欧、美强队的打法风格学习，基本战术配合以高、灵、全、准的整体型攻防和内外结合的打法为主，并正在探索与实施中国当前提出的战术指导思想和技战术风格，以形成自己的攻防体系特色。

5. 非洲型打法

非洲的篮球运动处于崛起阶段，近年来进步突出，像尼日利亚等队，已开始向第二集团冲击，但整体技战术水平与世界强队相比仍有一定的差距，然而运动员的身体素质较好，不乏身材高大且灵活的球员，也涌现出了一些球星服役于NBA。他们的技术风格和打法，近似于美洲型流派。

随着世界篮球运动的发展，尤其是受到篮球职业化的影响，当前各篮球风格与流派的相互融合、渗透和弥补逐渐强化。世界强队根据自身特点，形成了独特的打法，在世界范围内呈现出多样纷争的局面。从总体上看，世界篮球运动将继续沿着同一个方向和不同流派与不同风格打法的趋势发展。充分体现智勇、高壮、全特、快巧、精准、多变的结合。高智慧、高身材、高体能、高速度、高技术、高比分仍将成为21世纪高水平球队比赛的特点，呈现出智在充实、狠在凶悍、高在制空、快在敏捷、特在绝招、全在拓宽、巧在技艺、准在提高、精在扎实、变在机动，它们的外延与内涵都将更加丰富，体现21世纪世界篮球运动的新特点。

第二节 篮球运动的价值、功能及特点

一、篮球运动的价值、功能

（一）篮球运动的教育价值、功能

1. 篮球运动是一门综合性体育学科，具有教育功能

篮球运动拥有独特的理论体系、技战术体系，内容呈多元化。其涉及的基础理论包括经济学、管理学、政治学、军事学、哲学、决策学等

学科知识。篮球运动本身科学的专项理论包括教育学、体育学、训练学、运动心理学、解剖学、运动医学、逻辑学以及伦理学等知识。与篮球运动密切联系的相关学科包括营养学、创伤学、保健学、遗传学等学科知识。篮球运动完备的理论体系为篮球专业与非专业的篮球爱好者提供了科学的理论支撑，为篮球运动在全世界被广泛推行与快速发展打下了坚实的基础。

2. 篮球运动推行爱国主义、集体主义教育

篮球运动的竞赛方式推崇的是公平、公正、公开，并以发挥个人与集体的最高水平为第一要务。大到国家之间的文化体育交流、国际性的体育赛事，小到一个学校、单位的篮球友谊赛，篮球运动都能以奏响国歌、飘扬国旗，弘扬一个民族强大的自尊心、自信心，传递一支球队顽强的凝聚力与战无不克的战斗力。

国家强大是篮球运动开展、普及与发展的基石。国家培养一个篮球运动员成才、一支球队建设需要10年、20年甚至更长一段时间，在场地设施、教学训练、人员管理、营养供应等方面，都要投入大量的人力、物力和财力。就我们国家而言，2022年篮球场地高达110.28万个，在全国体育场地中数量最多、占地面积最大。中国篮球运动在多领域取得卓越成绩，凝结成中国篮球运动的爱国主义精神与强国梦想。

3. 篮球运动推动物质文明与精神文明建设

篮球运动作为一项全球性的体育活动，不仅是一种锻炼身体的方式，也是一种推动物质文明与精神文明建设的力量。篮球运动在社会中扮演着多重角色，积极地推动了社会的进步和发展。首先，篮球运动在推动社会物质文明建设发展方面发挥了积极作用。随着科技的发展，篮球比赛的直播、数据分析等技术手段得到了广泛应用，为篮球运动提供了更多的发展机遇。其次，篮球运动在推动精神文明建设方面发挥着关键作用。作为一项竞技性极强的团体运动，篮球运动培养了运动员的合作精神、团队协作能力。这种精神风貌不仅在运动领域有所体现，也渗透到社会其他层面。篮球运动所倡导的团结、拼搏、奋斗的精神，有助于激发社会中更广泛的积极向上的价值观念。篮球文化也在全球范围内传播，推动了文化交流与融合，丰富了人们的文化生活。通过其推动物质文明与精神文明的双向作用，篮球运动在营造健康积极的社会氛围、促进人

们身体素质提升以及推动科技和文化的发展等方面都发挥着重要作用。

（二）篮球运动的健身价值、功能

1. 篮球运动可以提高人体的生理机能

首先，由于篮球运动要求球员练习力量的抗衡、突然与连续起跳、敏捷的反应与快速奔跑，因此能够使机体各部分的肌肉结实且发展均称；其次，篮球运动作为一种高强度的对抗性运动，能够促进人体的新陈代谢，提高机体的代谢率，从而增强各器官（血管、心脏等）的功能，并从根本上增强人的体质以及抵抗力；最后，由于篮球比赛中所发生的情况具有极大的不确定性，因此球员需要掌握各种协调的技术动作，还需要具备随机应变的能力，而经常参加篮球运动能够提高各感觉器官尤其是视觉感受器的功能，另外，对促进动作精细化、提高分配与集中能力也很有帮助，而且对心脏时间、空间与定向能力也有良好的效果。

2. 篮球运动可以提高练习者的身体素质

篮球运动的特点要求球员必须具备良好的动作速度、耐力、反应速度与柔韧等素质。另外，因为篮球运动是在快速奔跑中进行的，所以球员在跳跃、转身跨步、起动等动作中锻炼了各关节的韧带与肌肉，而这对提高柔韧素质有利。

3. 篮球运动推动终身体育的发展

篮球运动作为一项全面、富有活力的体育活动，不仅在年轻人中广受欢迎，也在推动终身体育的发展方面发挥着关键作用。篮球运动的魅力不仅体现在其激烈的比赛和高水平的竞技，更在于它具有可持续性和适应性，为各个年龄段的人提供了一个持续参与运动的平台。

一方面，篮球运动具有较低的入门门槛，便于各年龄层人群参与。相比于一些高门槛的体育项目，篮球运动只需要一个球和一个篮筐，相对简单的规则也使得初学者更容易上手。无论是孩童、青少年还是成年人，都能轻松参与篮球运动，享受到体育锻炼的乐趣。

另一方面，篮球运动适应性强，可以根据个体的年龄、体能状况和健康水平进行调整。无论是初学者还是老年人，篮球运动都可以通过调整强度和规则来满足不同年龄层的需求。这种灵活性使得篮球运动成为一项适合不同年龄段人群参与的终身体育活动。

篮球运动以其简单易学、团队协作、适应性强和全身锻炼等特点，推动了终身体育的发展。通过篮球运动，人们可以在各个年龄段保持对体育活动的热爱，享受运动带来的健康、社交和娱乐益处。

（三）篮球运动的心理保健价值、功能

长期参加篮球运动的人，其个性与心理都会朝着更为健康、积极的方向发展。

1. 篮球运动可锻炼顽强的意志

水平接近、争夺激烈，是现代篮球强队比赛的特点。由于双方球员均处于直接对抗的状态，因此他们除了要具备优良的身体素质与技战术素质，还要具备坚强的意志品质。想要获得比赛胜利，球员必须在对抗中克服各种困难，而克服困难的过程就是锻炼其意志品质的过程。有时，顽强的意志品质对比赛的最终胜利具有决定性的作用。

2. 篮球运动可创造良好情绪体验

现代篮球运动具有观赏性与趣味性。首先，篮球运动能够调节情绪、振奋精神、增进快乐，从而使人变得更加自信、自尊、自强，而且还对神经衰弱等精神疾病患者有一定的治疗与改善作用；其次，能够使队友之间的感情变得更加紧密、交流变得更加频繁，这对一些不愿与人交往、郁郁寡欢或者时冷时热的人来讲，不仅能够改善他们的人际关系，还能够使他们了解、认识到自己的价值；最后，还能够使球员在比赛胜利之后体会到成就感，并使他们产生振奋、愉悦的幸福感。

3. 篮球运动有助于塑造健全人格

篮球运动，从微观上讲，是群体中个体之间的技巧智能与身体冲击的直接对抗；从宏观上讲，则是群体的竞争。如果想要取得篮球比赛的胜利，就需要球员个性鲜明，敢于冒险、创新，并善于抓住时机，做出正确的观察判断，由此可知，篮球比赛是实现个性自由发展的有效途径。另外，篮球运动还能够培养球员相互支持和团结一致的意识。

（四）篮球运动的社会价值、功能

1. 篮球运动影响社会规范

所有参加篮球比赛的人，都必须在比赛规则的制约下活动，而贯穿

比赛的体育道德精神对人的行为规范具有启蒙教育的作用，使人们获得对现代社会生活方式的演练与模拟，且对人们形成文明、健康的社会行为习惯有帮助。

人性中存在着攻击性，而篮球运动能够使人的这种本性得到释放，与此同时，还能够在体育规则与道德精神的约束下，使人们能够在公平合理的条件下进行攻防对抗，让人们依靠智慧与技巧取胜，而不是通过不礼貌、不道德、粗野的动作来获得胜利。从深层次的意义讲，篮球运动还具有文化约束力，如礼仪、道德、伦理、法律及信仰。

2. 篮球运动影响练习者的情商

篮球运动的统一性、对抗性与集体性规律显著，因此，在比赛过程中，球员必须具备一定的决断力，并能够做出有效的组合动作，在组合动作的实际应用中，比赛情况的不确定性，导致整个组合动作中会有很多不确定的成分，因此球员必须具备随机应变的能力，并在比赛中做出巧妙的动作及配合。由此可知，篮球运动能够培养球员的良好心理承受能力、广泛的社交能力、充沛的精力与体力等，从而以较高的情商来面对生活、学习中的困难。

3. 篮球运动推动世界和平发展

篮球运动作为一项全球性的体育活动，在促进世界和平发展方面发挥着重要的作用。这一运动超越了国界和文化差异，通过庞大的全球粉丝群体和国际赛事的举办，为促进国家间的友好关系、文化交流以及国际合作做出了积极贡献。首先，篮球运动通过国际赛事促进了不同国家和地区之间的友好合作。在国际比赛中，各国运动员汇聚一堂，共同追求胜利，这种竞技场上的合作与友谊也常常延伸到赛场之外。这有助于促进国家之间的相互理解和尊重，为解决国际分歧和冲突提供了平台。其次，篮球运动成为跨文化交流的媒介，推动了文化多样性的传播。通过球场上的比拼，不同国家和地区的文化得以展现和传播。球员之间的交流、球迷文化的传承，都为各国人民带来了更多的了解和接触。这有助于缩小文化差异，促进各国之间更深层次的文化互鉴。此外，篮球运动也通过国际赛事促进了人们对全球性问题的共同关注。比如，一些国际性的篮球比赛常常会借助平台关注社会公益、环保、全球健康等议题，通过篮球运动这一娱乐和竞技的方式，引导人们关心更广泛的全球问题，形成共同的价值观和责任感。通过其超越国界的特性，促进了国家之间的友好合作和文化交流，为全球社会构建了更加开放、包容、和谐的氛围。

（五）篮球运动的娱乐价值、功能

1. 篮球运动是行为文化、精神文化、审美文化的综合体

篮球运动作为一项综合性的体育活动，不仅是简单的运动行为，也是一种包含行为文化、精神文化和审美文化的复合体。这一运动融合了运动员的技术动作、团队合作精神，以及观众对于比赛过程的欣赏和情感投入，形成了丰富多彩的文化体验。

首先，篮球运动展现了独特的行为文化。运动员在比赛中通过精湛的技术动作展示个人的运动才华，这些动作不仅仅是简单的运动，也是一种特有的文化表达。例如，扣篮、变向运球等动作不仅彰显了个体技术的高超，也传递出一种独特的体育审美和运动文化。

其次，篮球运动承载着丰富的精神文化内涵。团队合作、拼搏进取、永不放弃的精神，是篮球运动的核心价值观。这种精神文化不仅在运动员之间得以体现，也深刻地影响着球迷和广大观众，激发人们积极向上的生活态度和团队协作的精神。

最后，篮球运动还具有独特的审美文化价值。比赛过程中的各种动作、战术配合、球场上的光影变化等元素构成了独特的视觉艺术。球迷在欣赏比赛时，除了关注比分，更会沉浸在运动的美感之中，形成一种独特的审美体验。篮球运动所呈现的审美文化不仅表现为技术动作的华丽，还包括整个比赛过程中的战术博弈和场景构图。

总体而言，篮球运动不仅是一种体育活动，也是行为文化、精神文化和审美文化的有机综合体。它通过运动行为的表演、精神价值的传递以及视觉审美的展现，为人们提供了一场融合多重文化元素的丰富体验，成为全球文化交流中的一种重要形式。

2. 篮球运动是激动人心的娱乐盛宴

篮球运动通过比赛呈现了高水平的竞技表演，成为体育迷追逐的焦点。在比赛中，运动员通过技术动作的精湛展示、团队协作的默契配合以及比分的激烈变化，为观众带来了一场场扣人心弦的娱乐盛宴。观众在欣赏比赛的同时，沉浸在运动的激情与激烈竞争中，获得了独特的娱乐享受。

二、篮球运动的特点

（一）集体性

在篮球运动中，队员之间只有通过集体协同配合，才能够出色地完成技战术行动。球员所做的动作，都需要两人以上的协同配合才能够实现，因此球队必须重视全队行动的协调一致性，与此同时，还要注意调动每一位球员的积极性。总而言之，只有集合全队的技能与智慧，发挥团队的精神，才能够获得理想的成绩，而这也是篮球运动集体性的表现。

（二）教育性

由于篮球运动的发展过程包含着丰富的教育内容，因此，其对促进社会交往、活跃社会生活、提高人的社会素质，以及增强民族与国家的自信与自尊均有着极为独特的社会价值。另外，由于篮球运动活动的保障为队员之间统一行动、协调配合，而这需要球员以健康、积极的道德情感为基础，并将共同的荣誉感与责任感作为自己的精神支柱。因此，球员参与这种以团体为基础的训练，能够使他们形成良好的道德情感，培养他们的集体主义精神，进而促进他们形成正确的道德价值观。

（三）综合性

篮球运动的技术动作非常多，而且在比赛中应用的技术都是以组合形式呈现的，加之比赛情况的复杂不定，导致技术组合具有无确定性、随机性与多样性的特征。除此之外，篮球运动作为一门交叉的边缘性学科，涉及教育学、竞技学、社会学、管理学、社会学等学科，因此，对教练科学化的训练、教学以及高水平的指挥管理都提出了更高的要求。上述这些都说明篮球运动是一项综合性的体育运动。

（四）变化性

篮球运动是一种攻守快速转换的运动项目，且转换都发生在一瞬间，从而使得比赛自始至终处于快节奏中，让观众处于专注、紧张的状态，充分体现了篮球运动的独特魅力。另外，由于赛场情况变化多端，因此如果球员采用固定不变的打法是无法取得比赛胜利的，所以需要球员具备随机应变的能力。上述这些特点充分体现了篮球运动的变化性。

（五）多元性

发展到今天，篮球运动已经成为一门具有较强交叉性的学科课程，并且其在运动方面的知识也开始向多元化方向发展。因此，要求球员与球队必须具备特殊的个性气质、生理机能、心理品质、身体形态条件、运动意识、道德作风，以及团队精神、身体素质、专项技战术配合方法体系、实战能力等，这体现了篮球运动的多元性。

（六）职业性

自从现代职业篮球俱乐部成立之后，在竞赛规则不断完善、竞技水平持续提高的同时，现代篮球运动在全球范围内得到了飞速发展。对于篮球运动职业化进程来讲，球员技战术水平、体能与智能的提高具有极大的催化作用。20世纪末期，多个地区都建立了职业篮球俱乐部。时至今日，全球职业化篮球已发展为一项新的产业，而这也成了篮球运动的一个特点。

（七）商业性

随着篮球运动职业化程度的不断加深，各国都建立了自己的职业联赛，而职业联赛的发展推动了篮球运动的商品化进程，并使其走向商业化的发展轨道。不仅运动员与运动队的技能水平成了商品，而且还开发了体育器材、体育彩票、运动服装等周边商品，并开始进行盈利性操作与经营。这些都说明篮球运动具有商业性的特点。目前，NBA是全球范围内发展最快、影响力最大的职业联赛。

第三节 现代篮球运动的特点与规律

一、现代篮球运动的特点

篮球运动是围绕着悬挂在空中的球篮而展开的空间与地面的争夺，不仅具有对抗性、拼斗性、集体性，而且还富有健身性、娱乐性、艺术性、趣味性、观赏性。

篮球运动是一种高强度的对抗性运动项目，持续时间可长可短，但需要参与者快速奔跑、突然与连续起跳、敏捷反应与力量抗衡。经常从事篮球运动，能促进速度、力量、耐力、灵敏等身体素质的全面发展，提高内脏器官和中枢神经系统的功能。

篮球运动较其他球类项目技术繁多，战术形式多样，队员的技巧性也很强，而且反映出个体作战与协同配合的特点。作为一种集体性很强的运动项目，篮球运动不仅要求运动员具有一定的技战术能力，并在比赛中表现出智慧、胆略、意志、活力与创造力，更为重要的是，运动员必须具备勇敢顽强的斗志和团结协作的精神。因此，篮球运动可以促使参与者形成良好的个性和团队精神。

通过参与篮球运动，不仅可以强身健体，而且可以使个性、自信心、审美情趣、意志力、进取心、自我约束等能力都得到很好的发展，也有利于培养团结合作、尊重对手、公平竞争的道德品质。

（一）高空性与凶悍性

篮球比赛是在一定的时间内围绕空间的球和篮筐展开的攻守对抗，因此在比赛过程中必须重视身体绝对高度与滞空性特点，并有高度的时空观念；时刻强调时间与空间意识，运用各种形式、方法和手段去争夺时间，拼夺空间优势，组合成各种令人惊奇的战术配合，从而使比赛更具时空性和观赏性。

篮球运动攻守对抗竞争是在狭小的场地范围内快速、凶悍地贴身进行的身体对抗，获球与反获球的追击、抢夺、拼智、拼技、拼体、拼力，不但需要具备聪颖的头脑，还需要具备特殊的体能、彪悍的作风和顽强的意志。篮球竞赛的过程，即是强化这种作风的过程。

（二）独特的时空对抗性

篮球比赛在特定的场地和时间内围绕球和篮筐进行，攻守双方所用的技术手段和战术阵形要将地面、空中和时间有机地结合起来，需要特殊的制空条件、制空时间和控制空间的能力，有其特殊的时空运动规律，并在此基础上展现时空对抗的特点。对抗的显著特征表现为凶悍、高速度、高强度、激烈、高空争夺。除了熟练的技能、充沛的体能，球员还必须具有强烈的时间观念和空间意识，需要竞赛的双方利用各种形式、方法和手段，展开立体型的攻防，尽快转守为攻。所以，瞬间快速、准确围绕空间目标不断转化防守，就成了比赛中防守被动变主动的重要保障。因此，篮球运动比赛时空对抗是全方位的立体对抗，这是篮球运动最显著的重要特点。

（三）协同性与转换性

篮球运动是以两队成员相互协同攻守对抗的形式进行的竞赛过程，集整体的智慧和技能协同配合，反映和谐互助的团队精神和协作风格，并以此获得最佳成效。篮球运动当代化的特点之一是突出"快"字，即快速转换攻守对抗过程。篮球比赛规则规定，以进攻得分多少定输赢，正如我国大书法家欧阳中石先生在纪念世界篮球运动100周年诞辰题词时所写下的："百战争高下，一球定输赢。"[1]但进攻又有时间规定，攻后必守、守后必攻，攻守不断转换，转换又在瞬间，瞬间变化无常，使比赛始终在快速而和谐的高节奏下进行，给人以悬念，增添观赏乐趣，增智养心。

（四）趣味性与观赏性

篮球运动具有较好的观赏性。在高水平的比赛中，双方斗智斗勇，比赛技艺，使球场上千变万化、扣人心弦，相比其他体育竞技运动，更显示出自身的吸引力。在篮球比赛中，观众可以欣赏到娴熟的运球、巧妙的传球、准确的投篮、机智的抢断、精彩的扣篮和出奇的封盖，再加上攻守交错、对抗变换，比赛双方斗智斗勇，球场形势变化富有戏剧性，无论是参与者还是观看者都能得到心理的满足和愉悦。

篮球运动简单易行，趣味性很强，可以因人、因地、因时、因需而异。通过变换各种活动方式，篮球运动更加方便与吸引人们的参与，以达到活跃身心、健身强体的目的，进而增强社会的文明氛围，充实人们的业余文化娱乐生活。另外，篮球运动深受广大群众的喜爱，通过比赛的相互往来，还可以增进彼此之间的了解和友谊。

（五）智谋性

智慧、技艺、体能和默契的配合是当代篮球运动拼争日趋凶悍激烈的基础。如何扬长避短、克敌制胜，除了身材条件、体能素质、技能、

---

[1] 孙民治主编：《篮球运动教程》，人民体育出版社2007年版，第23页。

意志作风等保障，更需要篮球文化品位、人文修养、智慧、计谋和精湛的技艺做保障。因此，从事篮球运动需要在技艺上精益求精，使自己达到"艺高人胆大，胆大艺更高"的境地。

二、现代篮球运动的规律

篮球运动的规律是篮球运动本身所固有的、本质的、必然的联系，反映在篮球运动演进过程中，具有普遍意义的某些特征与现象，它是推动篮球运动不断发展的法则。

（一）凶悍对抗规律

篮球运动的凶悍对抗是当今篮球运动的新特征，这一特征体现在攻击过程中，无论球队整体或运动员个体，其根本目的都是采取合乎规则要求的手段（身体与技战术），积极、主动、快速地制约对方，在防守时对持球与不持球队员的防守，在进攻中有球与无球的攻击行动，都倡导最大限度地贴身拼体能、拼体格、拼顶抢、拼挤靠、拼抢篮板球，做凶悍的对抗。始终具有凶悍的拼搏精神、以气势智谋占据地面与空间优势，是在凶悍对抗中取胜的关键。我国优秀的男、女篮球运动员曾先后进入NBA、WNBA（美国女子职业篮球联赛），在激烈的竞争中充分展示了亚洲球员的聪慧与技能，但也暴露出中国球员对抗逼抢能力、凶悍拼斗、意志作风意识不足的弱点。因此，在训练实践中应积极倡导以凶悍的精神去占据制空优势与地面攻守速度优势，并使这种凶悍精神能与扎实的技艺融为一体，从而在强体能与高速度的对抗中求统一、争制胜。

（二）集体协同规律

篮球运动是集体协同作战，要求球场上一切个人行动都要基于全队整体的目的与任务；要求每名运动员在比赛中必须做到齐心协力、密切配合。只有把个人的技能融汇于集体，集体才能为个人做最佳保障，给个人技术发挥创造更多、更好的机会，所以"集体与协同"是前提，"个性技能展现"是手段。NBA芝加哥公牛队、洛杉矶湖人队与其所造就的篮球巨星，正是"集体与协同"相得益彰、相映生辉的典范。是集体造就了伟大的球员，反之，球员协助集体成就了伟大。篮球运动的集体协同规律还体现为，不仅要求比赛场上的5名队员协同合作，而且要求充分发挥教练的指挥才华和场下替补队员的作用，将全队作为一个集体来设计战术、制定战略、整合优势、协同作战。

（三）攻守依存规律

进攻与防守是篮球运动的一对基本矛盾，但作为竞赛来讲，进攻是第一位的，只有进攻才能得分，只有得分才能赢得胜利。在竞赛过程中，双方在同一时间段内非攻即守，交替转换，一次进攻结束就是另一次防守的开始，周而复始。攻与守相互依存、互为补充、相互依赖，单纯片面地重视一方而轻视另一方，必然会丧失主动而导致失败。因为进攻与防守因素相互包含、相互渗透，攻中有守、守中有攻，寓于整个比赛过程之中，所以策略上、战术上的强攻助守、强守助攻，都会使战局向相反的方向转变。因此，强调进攻积极绝不意味着防守消极，攻守并重依存是绝对的、普遍的规律，进攻与防守始终处于相互对立、相互斗争、相互依存、相互促进、相辅相成、瞬时变化发展的矛盾过程之中。但由于篮球运动以进攻得分取胜，以守促攻、以守限制对方进攻将是恒久的规律。"百战争高下，一球定输赢"这一名言，充分揭示了篮球比赛中进攻的重要性，但防守是保护与扩大进攻成果，主动制约对方的关键。

（四）内外结合规律

篮球运动对攻守过程中运动员的布阵分位的特异性，是其本质特征的具体反映，它决定了篮球运动在战术打法风格上形成的"内与外""高与矮"相结合的特殊规律，"内"即内线，"外"即外线，"内与外"的结合，亦即内线与外线队员的结合，内线攻击与外线攻击的结合。篮球运动之所以被称为"巨人游戏"，就是因为比赛争夺的目标在空中，因此强调内线攻守数量与质量，是现代篮球比赛的特殊规律。但是，实践证明进攻得分的重点依然在外线，无内不成队、无外不能胜是现实，因此外是基础的进攻规律。自20世纪30年代以来，现代篮球竞技比赛中运动员的身高就一直成为决定比赛胜负的重要因素之一。为此，篮球竞赛规则曾多次修改条款，限制"巨人内线的高空优势"，使高个儿球员在篮下投篮和拼抢篮板球的优势受到某些限制，让矮个儿球员在外线攻守发挥快、灵、准的优势，使内外线有机地统一起来。所以，正确理解和处理好高与矮、内与外的辩证关系，不仅体现了当代篮球竞技比赛的特征与趋势，还有助于树立符合自身特点的篮球理念，形成内外结合的战术风格与特点。

（五）动态变换规律

篮球运动是一项动态性的运动，"动"表现为比赛中人与球始终不停地移动。攻守双方布阵互动，动中守、动中攻，动中及时转换，不间断地有谋略、有针对性地动；有目的、有攻击性地动；以主动的动迫使对手被动地动；以动攻守，以动守攻，反复转换动的方式与方法，调整动的意图，变换动的节奏，"变"是篮球运动的灵魂，动是变的基础，动和变是绝对的。篮球场上的势态瞬息万变，以变求快、以变求高、以变求准、以变求胜、以不变应万变。"换"是比赛的基本规律，现代篮球运动已经把进攻、攻守转换、防守这三个不同阶段，组成一个完整的攻守整体来进行训练。在比赛中强化"转换"意识，进而形成进攻、防守、攻守转换体系，是现代篮球运动的新特点。

（六）多元统一规律

当代篮球运动中所表现出来的多元，即参与者要认识与掌握篮球运动规律，要多技、多能、多智并相互统一于一体，比身体、比技术、比战术、比体能、比作风、比意志、比智慧、比心理素养。因此，教练、运动员只有真正理解多元统一的理念是规律、训练是基础、竞赛是杠杆、技术是手段、战术是方法、意识是导向、心理是保障、谋略是主动、意识是导向、进攻得分是标尺这一多元统一规律的内涵，才能成为一名优秀的教练、运动员。这一运动规律也可以说是篮球运动表象与内涵的统一。

第四节　世界篮球运动的发展趋势与展望

21世纪，篮球运动作为一种全球性社会文化，将在世界范围内得到更快的发展、更广的普及、更大的提高，进一步形成既具大众性、技艺性、观赏性，又具科技性、竞技性、职业性、商业性、产业性的特殊社会文化形态。

一、世界篮球运动的发展趋势

（一）学校篮球运动蓬勃开展

篮球运动的增智、健身、教育、宣传、社交功能越来越被各级教育行政部门和各类学校领导认同，积极开展学校篮球运动将成为活跃校园文化生活、展现学校声誉、增强师生体质、提高健身水平、陶冶情操、锻炼意志、修养品行、培养团队精神、增强使命感和荣誉意识的特殊教育形式。各种形式的业余篮球俱乐部将成为校园生活的基本社团组织。未来的优秀篮球人才将逐步由此启蒙、发展、提高。

（二）大众篮球运动进一步普及

篮球运动自身的特点、规律和功能使它充满活力。为此，21世纪大众篮球运动将进一步在全球范围内普及，成为名副其实的全球性社会文化和全民健身强体、修德养心的工具和手段。在发展中国家、地区的社区和工矿企业，篮球运动的开展将日益广泛，热爱篮球运动的各界人士将进一步支持、推广篮球运动。

（三）竞技篮球运动群雄纷争

21世纪，世界篮球运动竞技水平和实力将形成起伏发展的新格局，这是篮球运动在全球普及、发展、提高的趋势。然而，总体上欧美一些国家和地区在一个时期内仍将处于先进水平，但各国实力接近，排名将反复出现更迭。篮球运动的总体发展方向将依然是群体智慧、意识、形态、个性、修养、体能、技能等多因素综合实力的搏斗与较量，攻守全面兼顾，个体与群体融合，高度与速度并驱，体能、作风、智慧与对抗技能高度统一，教练与球员有机相辅，即带着创新意识，沿着同一趋势、不同流派、不同风格、不同打法的方向发展，形成百花齐放的发展景观。

（四）篮球职业化进程向全球推进

职业篮球比赛的特殊社会魅力和经济效益，促使新世纪职业性篮球俱乐部将在全球范围内广泛建立，职业性竞赛的商业化行为将日益完善，逐步形成一种新兴产业。竞赛规则、竞赛制度和竞赛方法的变革势在必行，观赏性、健身性、娱乐性、竞技性和科技性将成为篮球运动发展的主要因素。

（五）篮球运动理论与实践不断创新

现代科技对篮球运动的渗透，促使传统的篮球观念、篮球理论、技术和战术与训练手段产生了新的变化。训练手段科学化，新的理论观点层出不穷，新的技战术不断产生，新的竞赛制度不断完善，新的规则不断充实、发展，从而形成从篮球理论到篮球实践内容的新结构、新体系。篮球运动在创新与发展的过程中形成个性化、集约化、技艺化、科技化、商业化特征，显现出竞技篮球运动当代化的科技氛围。

二、世界篮球运动的发展展望

（1）篮球职业化、人文化、竞技化、观赏化、商业化将进一步加快。

（2）技战术将不断创新，攻防对抗更加凶悍，高度、速度与准确性的矛盾将更为突出。整体打法成为现代竞技篮球发展的一种趋势。

（3）篮球规则修改将不断激励对抗、倡导激情、鼓励运动员个体性和全队整体性技能与体能的协同发展。

（4）全场比赛将在一定的时机与条件下继续缩短攻防时间，规则对犯规的判罚还将有新的修正。

（5）球星的数量、质量及在球队中的地位将更为突出，其特殊影响力将进一步增强。

（6）比赛设施将会修整，场地区域划分也会有新的变化，进而在更大的范围内、更快速度的移动中完成攻防对抗，攻守战术中队员的位置分工将更为模糊。

（7）体能中的身体素质（力量、弹跳、速度等）、心理素质（价值观念、心理素养、意志品质、承受能力等）、政治素质（爱国主义、集体主义、团队精神、荣誉观念等）、智能素质（文化沉淀、文明程度、应变能力、篮球专项意识与实践水平）将进一步提高。

（8）篮球理论与理念将不断更新，科研成果将广泛应用于篮球训练与竞赛实践。篮球文化将在更广阔的范围内得以展现和深化。

（9）世界篮球运动格局以及优秀球队的区域分布将呈现不稳定性，国际大赛中的球队名次排位将时有更迭。

（10）篮球竞赛形式更富有商业化、产业化特点，职业化进程将进一步加快。

第二章　篮球运动员的体能训练

体能训练是指采用特定的方法和手段来提高人体生理各系统的机能与代谢水平，使之适应竞技运动需要而进行的专门性身体训练。随着各体育运动项目比赛水平的不断提高，运动员需要在日常生活中表现出良好的训练水平才能符合比赛的要求，而若想提高训练的水平，基本的体能训练是必不可少的。由此可见，体能训练是运动训练的重要内容，是提高人体运动能力的重要途径。通过科学且合理的体能训练，运动员可以有效地改善机体机能、促进身体健康、提高运动素质，为自己参加比赛提供必要的保障，从而取得优异的运动成绩。本章为篮球运动员的体能训练，主要介绍了三个方面的内容，依次是力量与速度素质训练、灵敏与耐力素质训练、柔韧与弹跳素质训练。

第一节　力量与速度素质训练

在篮球技战术不断发展的背景下，比赛场上出现的对抗出现了越来越激烈的趋势，而且攻防的转换速度也越来越快，运动员只有不断提升自己的运动素质，才能够在对抗越发激烈的背景下取得比赛的最终胜利。在开展专项身体训练的过程中，也应该重视篮球专项运动的实际特点，并结合技术的具体风格和运动员的实际训练情况、个人身体素质等因素，及时对不同素质训练的安排进行调整。在训练的过程中，必须从更为宏观的角度出发，突出发展的重心，严格要求自己，坚持不懈，将不同类型的素质训练分散在不同阶段的实际教学中。

一、篮球力量素质训练

（一）力量素质概念

在体能训练中，力量素质是基础，只有运动员具备了较高的力量素质，运动项目才能顺利开展。为了提高自己的力量素质，篮球运动员通常会通过有效利用练习间歇时间、增加运动量、提高练习频率、加大负荷强度等方式做好力量的训练工作。力量训练的效果并不是恒定的，在训练结构的影响下，不同的训练组合方式会有不同的训练效果，身体出现的适应性结果也会有所差别。例如，一名长期接受训练的运动员肌肉在收缩时，参与这一过程的肌纤维数可能占到了总数的90%以上，但是没有接受过训练的普通人可能只有60%左右。[①]

在开展力量训练时，应该关注年龄这一关键因素，在不同的年龄阶段，人的力量素质自然增长率是不同的。15岁之前，力量素质的自然增长率是9%；到了15~18岁，这一数字可能会提高到12%；在14~17岁这一阶段内，力量素质的增长率是最高的，达到了人一生中的巅峰期，这一时期有个专业的名词——快速增长期。男子和女子的个人力量素质顶峰是不同的，男子一般是25岁，女子一般是20岁。过了这个年龄，个

---

① 刘崇辉、温霜威、史银斌编著：《高校综合体能训练与体质测试的方法与实践》，东北师范大学出版社2015年版，第34页。

人力量素质进入了一个较强的维持期。因此，在力量增长敏感期重视训练的效果，那么训练的成效也会更好。

（二）力量素质练习方法

1. 发展手指、手腕力量

（1）手指可以做多次空握的练习。

（2）两个人共同使用一个球做练习，用手指的力量将篮球推来推去，使手指保持在一个自然张开的状态下。

（3）两个人应该维持坐姿的状态不动，结合指腕的力量，做好篮球或者实心球的练习工作。

（4）左手和右手应该经常维持在对抗的状态下，然后做篮球的抢夺练习。

（5）锻炼手腕和小臂相应的力量。

练习：两只手应该维持在握杠铃杆的状态，并结合直臂的动作，完成伸手腕的练习内容。

2. 发展上肢力量

（1）负重推举练习：练习的双方应该维持在一个面对面的站立状态，双方应该保持一个恰当的距离，这样有利于推手的练习。

（2）卧推练习：两人一组，其中一个人保持仰卧的状态，另外一个人应该积极利用自身的体重，让同伴推起自己。

（3）对抗练习：两人一组，一个人保持侧平举的状态，另外一个人结合同伴的力度做压手腕的对抗性练习。

（4）在做伸屈臂的练习时，可以给自己的手臂加上一些负重。

（5）通过弯腰负重和伸展、弯曲手臂来完成提拉杠铃的练习。

3. 发展腰腹力量

（1）做仰卧举腿、仰卧折体、仰卧挺身练习。

（2）结合杠铃的力量，完成负重转体和挺身练习。

（3）跳起空中收腹、手打脚、转身、空中传球或空中变化动作上篮等。

（4）单、双脚连续左右跳一定高度。

4. 发展下肢力量

（1）以徒手半蹲或者背靠墙壁半蹲的方式完成下肢力量的练习。

（2）进行徒手单腿深蹲和起身的练习。

（3）两人一组背靠背、臂套臂，利用人的体重进行负重深蹲（或半蹲）跳前进。

（4）壶铃深蹲、跳练习。

5. 发展全身肌力

（1）借助"跨栏架、强力腰带、加重球、沙坑"组合全面提高体能，在训练前充分利用田径场一头有沙坑的投掷区附近的区域做如下布置：

①在一处成直线放置7个跨栏架（高度跳到150厘米、每个栏架之间距离约80厘米）。

②在与跨步平行位置的地上画出有30米距离的两条起点和终点横线。

③在附近的地上分别平行摆放好7个加重球和7条强力带（两人一球一带）。

在布置好场地、器材后要充分做好准备活动和全身肌肉的牵拉后再进行练习。

（2）借助跨栏进行跳、跨、钻练习。将全队分成两组，在跨栏架前成两路纵队站立，在教练发出"开始"口令后，第一组先做，第二组后做，然后慢跑回起点，每人做两次下面的练习：

①双手抱头面对栏架连续高抬腿，交替大步跨过7个栏架。

②双手抱头背对栏架高抬腿，连续大步跨过7个栏架。

③调整栏架，使4个高栏和3个低栏高低交替，然后两组列队，每人依次先跨过1个高栏后，再低身钻过1个低栏，如此连续跨过和钻过7个高、低栏。

④两组列队，每人依次连续用双脚跳过7个栏架（只允许前脚掌触地立即跳起，不允许前脚掌做调整后再跳起）。

（3）在30米冲刺跑区连续进行10次蛙跳和15米跨步飞跃跳、跑动练习。两组分前、后两列横队站立，进行以下练习：

①两组依次连续进行10次蛙跳后慢跑回起点（每人4次）。

②两组依次连续进行15米跨步飞跃跳、跑，然后慢跑回起点（同样每人4次）。

（4）两人一组，前面的人腰拴强力带，后面的人用手或脚拖、踩住与强力带相连接的拖带，做各种跳跃和跑的练习。

①前排队员将强力带拴在腰上，后排队员用双手握住并用力拉住强力带的拖带，原地摆臂跑 10 秒后，后排队员突然松开强力带的拖带，往前冲刺跑 10 米后慢跑回到起点。反复轮换练习（做 3 次）。

②前排队员将强力带拴在腰上，后排队员将强力带的拖带踩在脚下，前排队员做双脚向上用力连续起跳动作 10 次，轮换练习（做 3 次）。

③前排队员拴好强力带后，后排队员脚踩强力带连接的拖带，前排队员用力摆臂和单脚交替向上跳起 10 次后，后排队员用脚松开强力带，使前排队员向前进行 15 米冲刺跑。反复轮换练习（做 3 次）。

（5）两人面对面轮换向上、向后高抛球加重练习。两列横队（横向拉开、纵向对齐）两人相对为一组，持一个加重球，做如下练习：

①两人面对面相距 5 米站立，前排队员先双手持球下蹲，然后立即用力向上蹬腿、展腰臂和扣腕，将加重球向上高高抛起 8 次。

②两人背对距离 10 米远，同样由前排队员先双手持球下蹲，然后立即后跑，做 15 次后换后排队员做同上练习。

（6）全队成两路纵队，依次进行 5 次 30 米冲刺"比快"跑练习。两队平行两人为一组，各组要依次进行 5 次 30 米冲刺"比快"的比赛，按照 3 胜 2 负规则，输的做 5 个俯卧撑。

（7）借助沙坑进行"三级跳远"练习。在沙坑前 3 米处排成两路纵队，平行的为一组，依次轮换进行 5 次"三级跳远"练习，结束全部练习。

（三）制约力量素质发展的因素

1. 神经强度

神经强度越高，对肌肉发出的神经冲动和频率越强，肌肉中被调动的运动单位也越多，因而产生的肌力也越大。

2. 能量的物质特征

对力量素质影响显著的能量物质是腺嘌呤核苷三磷酸（Adenosine Triphosphate，ATP）、肌糖原、蛋白质。ATP 含量决定了力量的速度特征；蛋白质既是能量物质，也是肌纤维的重要组成部分。因此，提高这些能量及其代谢能力对力量素质的发展具有关键作用。

3. 白肌纤维及比例

在影响力量素质的众多因素中，白肌纤维是非常重要的一个物质基础，具体表现为具有收缩力强、收缩速度较快的特性。白肌纤维在肌肉的比例中占优势，有助于速度力量和大力量的发展。通过极限或次限强度的力量训练，可提高白肌纤维的收缩质量。

4. 肌肉初长度效应

在一定范围内，肌肉的收缩张力随初长度的增加而达最高值时，肌肉转入收缩过程越快，产生的收缩力越强。因此，肌肉初长度的适宜性对力量素质的影响甚大。

5. 雄性激素的影响

男、女在力量素质上表现出显著差异的重要原因之一，是雄性激素的作用。雄性激素是人体蛋白质合成的重要激素，有助于增加肌肉中蛋白质的含量，提高肌肉质量。

（四）速度力量训练的负荷控制

爆发力的发展取决于两个条件：加快肌肉的收缩速度，提高肌肉的收缩力量。爆发力根据肌张力程度及动作表现形式可细分为强直性爆发力，如举重类力量；弹跳性爆发力，如投掷类力量；反弹性爆发力，如跳跃性力量。三种爆发力的发展训练是有差异的，强直性爆发力能够在保持肌肉收缩的前提下，通过提高最大力量促其发展；弹跳性爆发力以一定的力量为基础，通过提高肌肉收缩速度促其发展；反弹性爆发力能够在尽量加快肌肉拉长再收缩速度的前提下，发展肌肉最大张力和收缩力以促其发展。因此，安排训练负荷应有针对性。

二、篮球速度素质训练

（一）速度训练的目的与任务

在篮球运动员的身体素质构成中，速度素质起到的促进作用是非常关键的，运动员为了在比赛的过程中占据时间和空间等方面的优势地位，应该积极主动培养自己的速度素质，这一素质也决定了运动员技术和战术的实践效果。

篮球速度训练就是从篮球运动学习的各种特征出发，并结合对运动员速度素质的不同要求，所采取的具有差异性的训练方法，从而提高运动员的速度素质，使篮球技术动作的相关特点与速度等要素结合在一起，最终提升速度素质训练的水平，让运动员的整体速度能够在比赛中得以充分体现。

（二）速度训练的理论基础

提高速度素质能够加快人们的运动速度，让人们具备快速运动的能力，包括人体对刺激内容的反应能力、人体加快运动速度的能力，并最终实现位移的目标。

反应速度、动作速度和位移速度是三种速度素质在人体内部的具体表现。其中，反应速度的快慢取决于信号通过反射弧各环节所需的时间，以及条件反射的巩固程度（即完成技术动作的熟练程度）；动作速度的决定因素有肌肉中快肌纤维百分数及肥大程度、肌纤维的兴奋性、完成技术动作的熟练程度；位移速度的决定因素有肌肉中快肌纤维百分数及肥大程度、运动神经中枢兴奋与抑制的转换速度、肌肉的伸展性和弹性、各中枢之间的协调性、条件反射的巩固程度。

篮球技术动作具有瞬息万变的特性。如果是单一的判断过程，不能够说明这一变化的过程。在实际的训练过程中，我们必须从技术动作的时空性出发，提前预估某一个具体的动作方式，从而使用具体化的对应方式，这种判断的方式不总是准确的，所以为了提高判断的正确率，应该积极培养运动员的反应能力。

篮球运动技术一个突出的特性就是快速、突然，所以这一技术提供能量的特点就是无氧供能，在无氧供能的过程中，快肌纤维需要使用的ATP更多，实际耗费的功率也会更大，对完成肌肉收缩动作需要的速度提出了更高的要求，所以应该提升技术的质量和水平；在肌肉的收缩用力之后，篮球技术动作才能够得以完成，在对抗的环境中，技术动作才能够得以有效地完成。所以，运动员不仅要积极发展速度素质，还要增强自己的速度力量和爆发力。

为了提高运动员的位移速度，必须从动作频率和动作的幅度出发进行训练，因为这两个因素对位移速度的影响较大。

采用对各类信号进行应答反应的练习，可提高运动员中枢神经系统的机能水平，以提高运动员的反应速度。

采用快速完成技术动作的重复练习及相关的力量训练和发展柔韧性的练习，可提高肌肉中的肌纤维的体积和重量，增强肌肉的力量、伸展性、肌纤维的兴奋性，有利于提高动作速度。

采用高负荷强度（极限负荷的85%以上）短距离的重复练习及相关的力量、耐力、柔韧训练，可提高运动神经中枢兴奋与抑制的转换速度。增大肌力及肌肉的伸展性和弹性，改善各中枢间的协调性，以提高运动员的移动速度。

（三）速度素质的训练安排

篮球速度的训练应符合篮球比赛对速度素质的要求，合理地安排速度训练的内容，选择有效的手段和方法，全面提高运动员的反应速度、动作速度和位移速度。

篮球速度训练的安排应遵循以下四点。

1. 要科学地安排训练内容

在篮球速度的训练过程中，我们可以将速度的训练分为反应速度的训练、动作速度的训练、位移速度的训练三个方面的训练，下面我们就对这三种训练的内容做出分析。①为了提升运动员的反应速度，应该将视听信号的练习交叉在一起，也就是让运动员在接收到信号的指示之后，做一个明确的动作，或者跟随信号的指示做一些选择性较强的练习，让运动员从信号的复杂程度出发做相应的动作，也可以做一些移动目标的相应练习，就是让运动员对移动的目标做出一定的回应。②为了提高运动员的动作速度，应该将训练与篮球比赛的实际动作结合在一起，提高动作的完成速度；将视听信号等刺激内容相结合，在教学中使用，提高动作完成的整体速度；结合负重的作用，完成专门的速度练习；从篮球比赛的具体要求出发，压缩时间和空间的界限感，提高动作练习的效果。③为了提升运动员的位移速度，可以将训练的方式多次重复组合在一起，每次练习的强度应该维持在较高的水准，持续的时间应为10秒钟之内；只要重复的次数不会影响锻炼的强度，这样的锻炼重复度就是合理的；在训练的过程中，应该结合对腿、腰、腹等其他部分的锻炼和训练，从而提高运动员的整体移动速度。

2. 要把快速跑动与篮球技术动作练习衔接协调起来

为了保证运动员在运用技术的过程中不降低跑动速度,在练习过程中使用的技术难度不宜过大,提高速度是主要目的。

3. 要有针对性

在反应速度练习中,我们应该做好对运动员观察力和时空判断能力的综合训练;为了提高运动员的动作速度,要锻炼肌肉的整体力量,并做好肌肉之间的协调工作;为了提高练习的移动速度,要提高运动员整体的非乳酸无氧供能能力、ATP 再合成的能力。

4. 要根据训练任务合理安排速度训练的顺序

在实际的训练中,应该将速度训练安排在训练前期,从而使运动员能够以更好的状态完成相应的训练任务。

(四)速度素质训练方法的选择与应用

首先,篮球速度素质训练的主要手段有各种专门性练习、各种起动跑练习、篮球移动技术中各种跑的练习、结合球的速度练习。

(1)各种专门性练习,如小步跑、后踢腿跑、高抬腿跑、左右侧交叉步跑、跨跳步跑结合、加速度跑、跑台阶、上下坡跑和牵引跑等,能够提高运动员的位移速度。

(2)各种起动跑练习内容如下:

第一,在原地或移动中,根据视、听信号突然起动或加速跑(10~30 米)。

第二,各种姿势的起跑(10~30 米),采用蹲踞式、站立式、侧身站立、背向站立等姿势起跑。

第三,在完成起跳落地的相关动作之后,应该立刻进行加速跑的动作,从而提高运动员的反应速度。在跑步的时候,应该结合各种不同类型的姿势,而且应该结合不同类型的跑步方式,比如折返跑、追逐跑等。

(3)篮球移动技术中各种跑的练习,包括在篮球场上做绕障碍跑、变向跑、侧身跑、后退跑、弧线跑和折线跑等练习,以及各种防守步法练习。

(4)结合球的速度练习内容如下:跑动中的自抛、自接或向前自掷地滚球的接球、抢球;全场直线运球跑,变速运球跑,并做行进间投篮练习；全速跑接长距离传球上篮；原地对墙快速传球；两人行进间快速传接球上篮；中线或三分线外快速行进间跨跳步投篮；各种距离的快速移动接球投篮（跳投）；全场快攻以多打少（二攻一、三攻二、四攻三），快攻二攻一、三攻二，并结合攻守转换的练习。

其次，篮球速度素质训练应与篮球其他训练结合起来开展（见表3-1）。

表3-1 篮球速度素质训练安排示例

内容	组数	间歇时间/秒	项间时间/分钟
二人面对站立听信号追逐跑	10米×10	10	1
端线背向双足跳听信号转身快跑	20米×10	30	3
全场直线快速运球上篮	单程往返×6	30	3
二人交叉传接球上篮	30秒×6	60	2
30秒自投自抢三分球	30秒×6	60	2
滑跑滑接频步夹击	30秒×6	60	2

第二节 灵敏与耐力素质训练

灵敏素质是篮球运动员的运动技能和各种素质在运动过程中的综合表现。耐力素质通常被理解为人体长时间抗疲劳的能力，是衡量身体健康水平的一个重要指标，是从事运动的基础。

一、篮球灵敏素质训练

（一）灵敏素质训练的目的与任务

现代篮球运动对抗激烈，快速多变，这就要求运动员具备良好的判断能力和反应速度，并在比赛中根据不同的变化环境及时调整动作的具体内容。具备灵敏的素质能够让运动员提升自己的战术和技术水平，并及时做好应变的准备，实现篮球运动的创新和发展。

篮球灵敏素质训练的主要目的就是提高运动员的爆发力、柔韧性、反应速度等，改善肌肉的柔韧度，提升肌肉的弹性，促进韧带伸展性的锻炼，让篮球运动员的不同素质能力实现协同发展，从而全面提高运动员的素质。

（二）灵敏素质训练的理论基础

灵敏素质能够让运动员在复杂的环境中转换自己的身体运动位置，从而实现运动的目的，更好地适应周围的环境。

灵敏素质是一类综合化程度较高的素质内容，这一素质能够实现人对周围空间的感知。灵敏素质实际上也与速度和力量等素质的发展息息相关。

灵敏素质的影响因素：大脑皮层神经过程的灵活性，力量、速度、耐力、弹跳、柔韧等素质的能力，时空判断能力与反应速度，运动技能掌握的数量和熟练程度以及年龄、性别、体重、疲劳程度，等等。

神经过程的灵活性高，兴奋与抑制的转换速度快，神经系统对人体各种复杂的移动用力程度及控制能力就高，在身体素质良好的基础条件下动作的快速性、准确性和协调性就好。篮球运动员的灵敏素质训练就是要提高球感、动作感，以及球的速度、力量、距离和各种篮球技战术时空特征的综合信息量，提高传入强度，提高各种感受器对微弱信息的感受能力。篮球灵敏素质训练应在各种复杂变化的训练和比赛条件下开展，通过信息加工，将各种时空特点与大脑皮质建立联系，形成固定的动作反应，从而提高反应的灵敏度。同时，如果环境周围的信息之间产生了大量的神经联系，那么神经活动过程的灵活性也就更为理想，条件反射的速度也能够得到保障。所以，在实际的篮球训练和篮球比赛中，运动员应该从学习篮球的技术和战术出发，如果掌握的技战术数量得到了保障，那么动作的灵敏性也能够得到保障。

所以，在身体素质全面发展的情况下，动作的力度、克服阻力的实效等也能够得到相应的保障，从而提高动作完成的灵活性。很多因素都会对灵活性产生重要的影响，如弹跳素质、加速度、起动速度、反应速度等。为了做好激烈动作，运动员应该提前锻炼自己的耐力综合素质，否则在做动作时可能会过快地出现疲劳的问题，动作的灵活性也无法得到保障。

（三）灵敏素质训练的安排

篮球灵敏素质训练应符合篮球运动对灵敏素质的要求，科学合理地安排好教学训练的内容，选择有效的手段和方法，以提高运动员的灵敏素质。

篮球灵敏素质训练的教学安排如下：

第一，篮球运动员的灵敏素质训练应根据训练任务的要求，有计划地设计复杂的运动环境，并在训练中针对变化的条件培养相应的运动技术和技能，以提高运动员技术运用的灵活性和应变能力，以达到提高运动员灵敏素质的目的。

第二，篮球灵敏素质训练的安排，通常练习负荷强度较大（极限负荷的60%~85%）、持续时间较短（1分钟以内）、练习重复次数较少（3~5次），练习应安排在每次上课精力最充沛的阶段，以提高练习效果。

第三，在篮球灵敏素质训练中应注重加强对运动员视野、观察力、脚步移动能力和手控制球、支配球能力的训练。

第四，篮球灵敏素质训练可安排换项训练内容，以培养运动员在复杂环境下的主动性、创造性，达到提高灵敏素质的目的。如采用足球练习提高脚步的灵活性、采用排球练习增强弹跳的爆发力。

（四）灵敏素质训练方法的选择与应用

首先，篮球灵敏素质训练的主要手段如下：

第一，按教练发出的视听信号，做各种滚翻训练，并结合起动快跑的练习。

第二，两人一组做影子练习，即一人做动作，另一人模仿；一对一进行各种追逐、闪躲练习。

第三，脚步、腰、胯的灵活性练习，将各种脚步动作组合成综合练习，在全场进行练习，按教练发出的视听信号迅速做出相应的动作。

第四，结合球的灵敏练习，接不同方向、不同距离、不同速度及不同位置的来球；在篮球场上做各种变向运球移动的组合练习（如体前、胯下、背后、后转身等变向跑运球）。

第五，进行各种篮球基本技战术基础配合的对抗练习（一攻一、二攻二、三攻三等），以及攻守转换的练习。

其次，根据训练课的任务，从综合训练的实际出发，交替安排训练的内容和练习方法。

二、篮球耐力素质训练

（一）耐力素质的概念

人体能够在一段时间内坚持活动的能力就是耐力。在篮球运动中，运动都应该具备相应的耐力素质。根据运动员的氧代谢特点，运动员的耐力可以分为两种主要的类型，分别是有氧耐力和无氧耐力。从耐力素质和运动员的关系出发，耐力素质可分为两个主要类型，分别是一般的耐力和专项的耐力。研究耐力训练的方法，应从耐力素质和运动员之间的关系出发进行，因为这种分类的方式更符合篮球运动的实际情况。

（二）耐力素质训练方法

1. 发展一般耐力素质

在发展一般耐力素质时，经常采取的方法是提高运动员对氧气的利用能力，从而将体内糖分、脂肪含量维持在一个较高的水平上，这种方式还能够提高不同器官对运动的负荷能力。

2. 发展专项耐力素质

专项耐力能够提高运动员在比赛或者训练时对某一项目的坚持能力。
（1）全场反复快速运球上篮练习。
（2）两三人全场反复快攻练习。
（3）一对一、二对二、三对三全场攻守或攻守转换练习。
（4）开展由跑、跳、投、突、传、运等各种动作共同组合而成的综合练习。
（5）连续进行长时间的各种攻守技术练习和全场攻守的比赛。

（三）制约耐力素质发展的因素

1. 神经过程的稳定性

神经过程是否稳定决定着神经机能的抗疲劳程度。在运动后期，这种能力将直接影响肢体活动的稳定性。[①]

2. 能量物质的储量

人体的耐力水平是由人体内的各种能量物质所共同决定的，主要包括对糖原、游离脂肪酸等物质的储备水平。

3. 最大摄氧量水平

最大摄氧量是衡量有氧耐力的客观指标。氧气是人体内能量物质氧化释放能量的重要基础；氧供应情况直接影响物质的放能水平，在提升吸氧量水平之后，人们的心血管问题能够得到较好的改善。

4. 红肌纤维及比例

为了提升人体的耐力素质，我们应该重视红肌纤维的作用，因为红肌纤维能够有效地解决肌肉易疲劳的问题，还能够改善呼吸中的氧化问题；红肌纤维的比例与最大摄氧量水平成正相关。

5. 人体负氧债能力

如果运动员的负氧债能力较强，那么其在供氧含量不足的情况下，还能够保持在一个较高的活跃水平上。

6. 意志品质程度

意志品质程度越高，克服疲劳的毅力越强，机体的抗疲劳性越大。

（四）长时间耐力训练的负荷控制

首先，长时间耐力训练的负荷性质主体是有氧负荷，负荷安排应体现以有氧供能为主、无氧代谢为辅的特点，并以提高机体糖原储量、糖的有氧分解能力、最大吸氧量、游离脂肪酸含量及供氧能力为目的。

其次，长时间耐力训练负荷安排的一般原则如下：

第一，长时间一级耐力的训练平均负荷应以中等强度为主，心率保

---

① 戴云鹏：《足球运动员的耐力素质训练分析》，《科技信息（科学教研）》2007年第35期，第764、702页。

持 150±5 次 / 分的水平，每次练习的持续时间一般为 8~15 分钟，间歇时间要充分。

第二，长时间二级耐力的训练平均强度为偏中低水平，心率保持在 150±5 次 / 分的水平，每次练习的持续时间一般在 15~30 分钟，间歇时间要充分。

第三，发展长时间耐力多采用持续训练法和间歇训练法。

第三节　柔韧与弹跳素质训练

一、篮球柔韧素质训练

（一）篮球柔韧素质基本训练方法

（1）将双手的手指相交叉，并将双手相握，并将手心向外，做压指和压腕的活动动作；手臂应该实现充分的伸展；身体也应该实现前后双边的伸展动作。

（2）两个手臂应该充分地转肩，并从背后做由上到下、由下到上的绕环动作，实现双臂的充分拉伸。

（3）将双腿并在一起，保持上半身的前屈动作，可以努力让手够到地面或者是脚附近的位置，将身体侧转到另外一侧，摸另外一边的脚跟。

（4）将双腿分开，延伸关节位置，保证手能够够到脚跟的位置。

（5）保证双腿处在一个开立的状态，双脚应该按照弓箭步的动作完成压腿。

（6）左右弓箭步练习，手放在脚上，连续左右弓箭步练习。

（二）篮球柔韧素质训练注意事项

（1）柔韧素质的发展要从小培养。科学实践证明，柔韧素质发展的敏感期是 5~10 岁，所以在此期间要抓紧练习，并在 10 岁以前使柔韧素质得到较好的发展。随着年龄的增长，身体各部位的柔韧性训练将会更加困难。

（2）循序渐进，持之以恒。在开始进行柔韧性练习时会有强烈的痛感，而且只有长期的坚持才能起到应有的效果，因此运动员必须具有坚定的毅力，持之以恒，使身体逐渐适应。

（3）柔韧素质的发展要兼顾相互关联的身体各个部位。在训练时应循序渐进，使柔韧性逐步得到提高。运动员的柔韧性是身体各个部位的整体的柔韧性，在练习时应该注重各个部位之间的关联，使整体的柔韧性协调发展。

（4）柔韧素质练习要注意外界环境。外界环境对于人体的柔韧性具有一定的影响，温度较高或较低都会影响柔韧性的发展。科学实践表明，当外界温度在18℃时，人体各部位肌肉的伸展效果到达最佳，最适合柔韧性的发展。

（5）柔韧练习时要防止受伤。柔韧性训练是对人体的各肌肉和韧带的拉伸和伸展，如果训练的方法不当，可能出现拉伤事故。因此，柔韧性训练要注重训练方法的科学性，既要保证训练的效果，同时还要防止受伤。在进行柔韧性训练之前应该做适量的热身运动，在练习中避免用力过猛。

二、篮球弹跳素质训练

（一）弹跳素质训练的目的与任务

篮球弹跳素质训练的目的就是在发展一般弹跳素质的基础上根据篮球运动的特点，改善运动员的起跳技术，提高弹跳素质，使其在比赛的各种情况下达到最好的弹跳效果。

（二）弹跳素质训练的理论基础

弹跳素质的发挥需要人体下肢和全身的共同用力，在这一素质的帮助下，人能够迅速地升到半空的位置。在篮球运动中，篮球弹跳素质能够为篮球比赛争取到一定的高度和速度水平，从而实现对空间的充分掌握。弹跳素质是一项综合素质，主要表现为下肢的爆发力，影响弹跳素质的重要因素有力量素质、速度素质和协调性。

（三）弹跳素质训练的计划安排

篮球弹跳素质训练应符合篮球运动对弹跳素质的专门要求，科学合理地安排好教学训练的内容,选择有效的手段和方法,以达到发展弹跳素质的目的。

弹跳素质训练的计划安排应遵循以下三点要求。

(1)在篮球弹跳素质训练过程中,应该保证练习的少量多次,保证组数,提高练习的强度。

(2)在实际训练过程中,应该加强对下肢小肌群的充分锻炼,增强肌肉的弹性,从而改善肌肉的用力情况。

(3)在篮球弹跳素质训练中要安排接近比赛实际情况的跳跃练习,以提高各种起跳技术;安排在对抗条件下的弹跳素质练习,以提高运动员在起跳前或在空中身体的对抗能力和适应条件变化的空中应变能力。

(四)弹跳素质训练方法的选择与应用

(1)篮球弹跳素质训练的主要方法如下:

一是跳台阶、跳凳、跳栏架、立定跳远、多级跳、连续深蹲跳、收腹跳和跳深等练习。

二是跳绳练习。单、双摇跳,单、双脚双摇跳,规定时间和次数的跳等。

三是原地或上步连续单脚或双脚起跳摸篮板或篮圈,行进间单脚起跳摸篮圈,移动中按信号突然用单、双脚向侧、前、后跳起做抢断球模仿动作等练习。

四是一人一球,篮下原地连续起跳托球碰板;多人一组一球,依次在篮下一侧或两侧用单手和双手托球碰板若干次。

五是跳起在空中抢篮板球转身传球练习。

(2)发展篮球弹跳素质实施过程中,可采用负重方法练习或其他辅助器械结合练习,也可以安排与实际比赛运用的技术动作一致的练习(见表3-2)。

表3-2 篮球弹跳素质训练安排示例

内容	次数/组数	间歇时间/分钟
单脚换脚跳(球场对角线)	10组	2
左右跳凳	20次/组×6组	3

续表

内容	次数/组数	间歇时间/分钟
全场紧逼五对五攻守对抗	20次/组×3组	2
原地双脚连续起跳摸篮板	15次/组×3组	2
多人一组一球连续托球碰板	10次/组×3组	3
助跑摸高	10次/组×3组	3

第三章　篮球运动员的技术训练

　　篮球技术训练是篮球运动员提高个人技能、竞技水平和战术理解的关键，它有助于球员在比赛中取得成功，且对个人和团队的发展都具有重要意义。本章为篮球运动员的技术训练，依次介绍了球性递进训练、移动训练、运球递进训练三部分的内容。

第一节 球性递进训练

篮球运动员的球感是篮球训练过程中形成的一种特殊的感觉，是提高控球能力的基础。其特点是对篮球的形状、大小、重量、弹性、空间运动速度和方向的变化、人类手部肌肉的稳定性，以及场上注意力分配能力达到极为精细分化的程度，由此提高人对球的支配、控制能力，将篮球运动技术的动作特点与实际需要相结合，充分训练手指、手臂、手腕的屈、挥、伸、翻、摆、推、转、按、拉、点等动作，是有力提高运动训练水平的重要方面。加强球性练习是提高运动员对球的控制能力的基础，是提高运动员对球的不同速度、旋转、距离、弹跳高度和方向变化的观察判断能力的关键。

一、原地球性练习

（一）原地抛接球球性练习

1. 原地抛接球

方法：双手持球于身前，垂直向上抛球（双脚并拢或前后张开），当球在空中时，双手迅速做身体击掌前后动作。在球落地前接住它，看谁击掌最多（见图4-1）。

图4-1 原地抛接球

要求：不能移动双脚，把球向上抛的高度决定了双手击掌的次数，之后慢慢降低抛球的高度来完成以上练习。

2. 上下抛接球

方法：以站立的姿势双手垂直向上抛球，迅速坐下双手接住球，再以目前坐姿向上抛球，然后再站起接住球（见图4-2）。

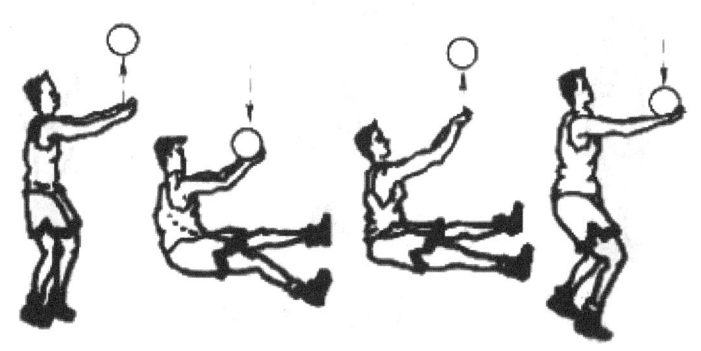

图 4-2 上下抛接球

要求：站起和坐下时，不能用手撑地。

3. 侧踢腿交接球

方法：原地做侧踢腿，同一侧手把球从侧踢的腿下绕过，然后向另一侧的前方抛起，另一侧手将球接住，左右腿可交换进行（见图4-3）。

图 4-3 侧踢腿交接球

要求：抛球要正确，接球要自然。

4. 后抛前接、前抛后接

方法：双脚并拢，双手握球放在背后。双手把球从头部用力打到身前，双手在身体前面接住球，然后再从身体前面往背后抛球，双手在背后接住球（见图4-4）。

图4-4 后抛前接、前抛后接

要求：向前、向后抛球时，球必须经过头顶。

5. 双手胯下交叉颠接球

方法：左腿和右腿分开，蹲下，用右手夹住球，左手放在腿后。在练习开始时，双手将球穿过胯下轻轻抛向左手，然后迅速改变持球的位置（右手在后面，左手在前面），连续进行（见图4-5）。

图4-5 双手胯下交叉颠接球

要求：下蹲时双眼要向前看，双手在前后接球的时候不要使球接触地面。

6. 胯下双手前后颠接球

方法：双脚左右开立，深蹲，双手持球，位于体前胯下，练习开始时，将球稍微向上颠抛穿过胯下，双手快速移到身后胯下接住球，然后再将球稍微向上颠抛穿过胯下，双手再迅速移至体前胯下接住球，连续进行（见图 4-6）。

图 4-6　胯下双手前后颠接球

要求：双手在前后接球的时候不准使球接触地面。

（二）原地环绕交接球球性练习

1. 环绕双腿、单腿交接球

方法：右手持球绕两腿 1 次，然后双腿分开，绕右腿 1 圈，然后双腿再并拢绕 1 圈，双腿再分开绕左腿 1 圈（4 圈为一个动作周期）。同样动作进行反方向练习（见图 4-7）。

图 4-7　环绕双腿、单腿交接球

要求：动作协调一致，球的来回传递要自然。

2. 胯下"8"字环绕交接球

方法：双脚平行或前后张开，双膝蹲下，双手捧球，放在双腿之间，将球在双腿间呈"8"字形围绕。同样动作进行反方向练习（见图4-8）。

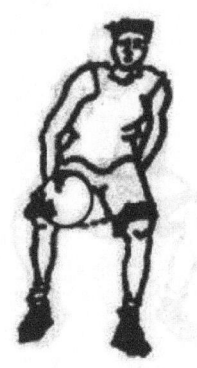

图4-8 胯下"8"字环绕交接球

要求：动作连贯和谐，直视前方。

3. 环绕颈、腰、腿间交接球

方法：双脚微微张开，用右手握住球，在头部环绕1圈，左手将球传到右侧腰部，把球传给右手绕腰部1圈，继续在双腿间1圈，然后根据腰、头的顺序做相反方向绕球（见图4-9）。

图4-9 环绕颈、腰、腿间交接球

要求：动作要连贯协调，不能停顿。

（三）原地运球球性练习

1. 双手胯下反弹前后交接球

方法：双脚左右平行开立，弯膝下蹲，双手握球于前面的双腿之间，双手将球撞击位于双脚中垂线的地面上，双手立即转到背后接球，然后球从后面撞到地面反弹身前，双手迅速从后收回身前接住球（见图4-10）。

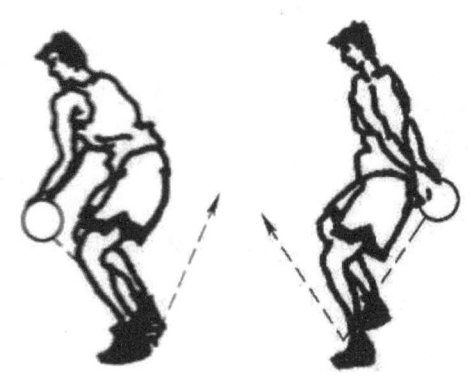

图 4-10 双手胯下反弹前后交接球

要求：当在双腿之间来回运球时，直视前方，将球打到脚的中线。

2. 原地胯下左、右运球

方法：运动员双腿前后开立成弓箭步姿势。双手交换运球，让球在双腿间的地面上向左、右反弹（见图4-11）。

图 4-11 原地胯下左、右运球

要求：当在双腿之间来回运球时，直视前方，将球打到脚的中线。

3. 原地胯下前、后运球

方法：双脚左右开立，双手在身前、身后通过胯下交替运球（见图 4-12）。

图 4-12 原地胯下前、后运球

要求：当在双腿之间来回运球时，直视前方，将球打到脚的中线。

4. 双腿外侧和胯下两次运球

方法：右手握球，在右腿的外侧向后方运球 1 次，右手往后绕，在双腿之间用左手接住从后面传到前面的球。左手在左腿的外侧向后方运球 1 次，左手绕到后面，在双腿中间从后往前做 1 次运球，把球传到右手（见图 4-13）。

图 4-13 双腿外侧和胯下两次运球

要求：有节奏地移动身体，逐渐提高速度。

5.快速1~2次低运球

方法：双腿分开，前面用左手和右手各做一次运球，使球从双腿中间反弹到身后，并在身后用左手和右手各做一次运球（见图4-14）。

图4-14　快速1~2次低运球

要求：动作连贯协调。

（四）原地多球球性练习

1.内外旋肘

方法：双脚分开，双手在胸前各持一球。上身向前倾斜90度，双手握住球，向内旋转，向外伸展、侧平举手心向上托球，停顿5秒之后，再收回双臂，还原（见图4-15）。

图4-15　内外旋肘

要求：双脚分开，不要移动，从腋窝向外旋转到双手伸直支撑球，增加双手对球的控制。

2. 双手上下抄球

方法：双脚并拢，胸部两侧各持一个球。一节拍双臂伸直双手向上举球，二节拍屈腕屈指、提踵向下抄球，反复进行（见图4-16）。

图4-16 双手上下抄球

要求：抬球时双臂必须伸直，下球时快速屈腕控球。

3. 一抛一腰间围绕

方法：双脚平行或者前后开立，与肩同宽，两手各持1球在胸前。左手向上抛球1次，右手持球，在腰间围绕1圈，左右手交替进行（见图4-17）。

图4-17 一抛一腰间围绕

要求：上抛球与腰间绕球时间要相等，双手与两球配合要协调。

4. 身后抛球身前换手

方法：双脚平行或前后张开，肩宽分开，两手各拿一个球，前面一个球，后面一个球。右手背后用手指、手腕用力向上抛球后，迅速回到身体上接住左手递过来的球，左手到左肩前接住右手抛出去的球（见图4-18）。

图4-18　身后抛球身前换手

要求：不要把球抛过头顶。

5. 左右前后胯下换手抛球

方法：双脚平行或前后张开，略宽于肩下蹲。左手持球放在左膝前，右手持球放在双腿之间。右手将球从左腿下部传过来，从外侧将球抛起1米高左右，右手迅速接住左手传来的球，左手迅速接住右手传过来的球。交替进行（见图4-19）。

图4-19　左右前后胯下换手抛球

要求：完成动作过程中必须深蹲。

6. 原地双手高低交替运两球

方法：右手先拍球，当球从地面弹起时，左手再拍球，这样两手交替运球（见图4-20）。

图4-20　原地双手高低交替运两球

要求：当运球时，抬头看，眼睛不要看球，两只脚不要动，让两个篮球交替从地上弹起来。

7. "死球拍活"

方法：身体向下蹲，两球平稳放在地面上，双手击打两球的上部，用手指和手掌的前部连续击打球的上半部分，让球在静止的状态下反弹起来，然后原地运2个球（见图4-21）。

图4-21　"死球拍活"

要求：只能用手指、手腕的力量快速按压球，使球变成"活的"，而不是捡起球。

8. 两球穿过双腿中间运球

方法：每只手拿一个球，将球从身体后部从双腿之间弹到前方。把手绕到前面接住球，快速把球从身体两侧绕到后面，然后再将球从身体后部从双腿之间弹到前方（见图4-22）。

图4-22　两球穿过双腿中间运球

要求：带球时不看球，达到快速、敏捷带球而不看球的目的。

9. 两球绕腿运球

方法：双手各拿一球，使右手球从腿的后部向前弹起，右手迅速向前接住球。当右手接住球时，另一只球从腿的后部向前弹起，左手迅速向前接住球（见图4-23）。

图4-23　两球绕腿运球

要求：双眼目视前方，不能低头看球。

10.原地背后变向运球

方法：两只脚平行打开，双手各拿一球于身体两侧运球，用左手把球从身体后面推到右边，球击地面弹起，用右手接住球，然后用左手回球。左手和右手可以来回切换（见图4-24）。

图4-24 原地背后变向运球

要求：一定要注意双手向两个方向运球，双手需要同时向下推球和运球。

二、移动中球性练习

（一）移动中单球球性练习

1.行进间胯下"8"字交接球

方法：两只脚平行打开，略宽于肩，左右持球于膝前。练习时，向前迈出右腿，同时左手将球穿过双腿之间递给右手，继续迈出左腿，右手再将球穿过双腿之间递给左手（见图4-25）。

图4-25 行进间胯下"8"字交接球

要求：练习过程中速度要逐渐加快。

2. 弓箭步加转体胯下交接球

方法：以弓箭步姿势跳，跳的同时在两腿之间交换球，转身，做同样动作，反复练习（见图 4-26）。

图 4-26　弓箭步加转体胯下交接球

要求：速度一定要快。

3. 移动高抬腿跑和腿下交接球

方法：教练做出手势，运动员根据手势迅速做出向前、后、左、右高抬腿跑的动作，高抬腿的同时做腿下交接球练习（见图 4-27）。

图 4-27　移动高抬腿跑和腿下交接球

要求：动作要连贯，不能停顿。

（二）移动中多球球性练习

1. 脚分前后移动运球

方法：每只手拿一个球向前和向后弓步。当听到口令时，双脚前后交替进行（见图 4-28）。

图 4-28　脚分前后移动运球

要求：两脚前后运动连贯，动作不脱节。

2. 行进间运球抄球

方法：向前行进，两手各运一球，等待球弹起，立即用手向上托起球。双手交替做运球托球动作（见图 4-29）。

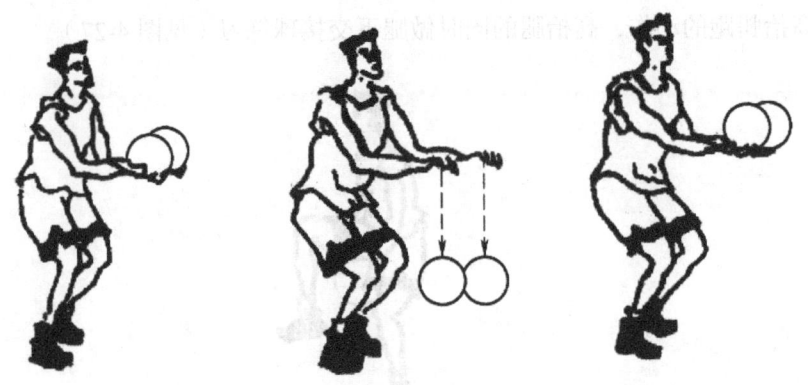

图 4-29　行进间运球抄球

要求：练习时要目视前方，动作连贯。

3. 运球中"要"球

方法：双脚平行站立，一只手运球，另一只手不停地抛球和接球。开始用右手运球，左手抛接球，技术熟练，可以双手交替练习动作（见图 4-30）。

图 4-30 运球中"要"球

4. 运球前后移动

方法：双脚平行站立，左右手各运一球。练习时，用右手按拍所运球的右侧上方，使球从身体右侧经体后地面反弹到身体左侧，同时用左手按拍所运球的左侧上方，使球从身体左侧经体前面反弹到身体右侧，随之迅速用手分别接触反弹过来的球，并继续运球。依次反复练习，可以调换两只手转移球的方式（见图 4-31）。

图 4-31 运球前后移动

5. 弓箭步同时转移球

方法：双腿前后开立成弓箭步，双手在左右两侧各运一球，当听到信号时，把一个球从后面移到另一边，另一个球从前面移到另一边，球转移后，两手继续运球，然后重复练习（见图 4-32）。

图 4-32　弓箭步同时转移球

6. 运球体前转移

方法：站在原地，双手各运一球。练习前，用右手按拍球的右侧上方，使球从身体右侧经过体前的地面反弹到身体左侧，同时用左手将所运的球从体前腹部拨向身体的右侧，与此同时，迅速用双手分别接住传来的球，并继续运球。依次重复练习（见图 4-33）。

图 4-33　运球体前转移

三、两人配合球性练习

（一）胯下地滚球

方法：两人背对着站着，双脚与肩同宽，弯腰。其中一个人把球放在他两脚之间的地上。在开始的时候，球是用双手从双脚之间拨到后面的。另一个人在球滚到双脚之间时接住球，然后重复前一人的操作。重复进行（见图 4-34）。

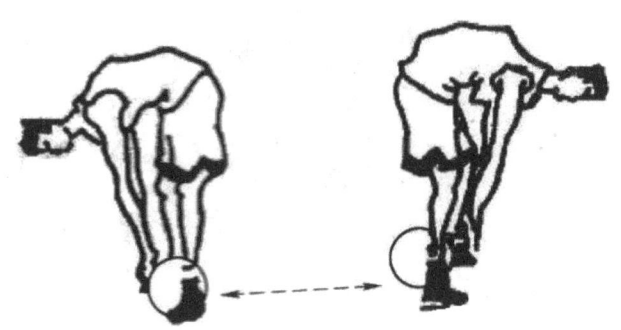

图 4-34　胯下地滚球

要求：脚不动，用手指的指根部位拨球，不要把球捡起来。

（二）坐地滚球

方法：两人对坐，双腿分开，把球放在双腿中间的地板上，一人用手将球拨到另一边，另一人将球拨回去，重复进行（见图 4-35）。

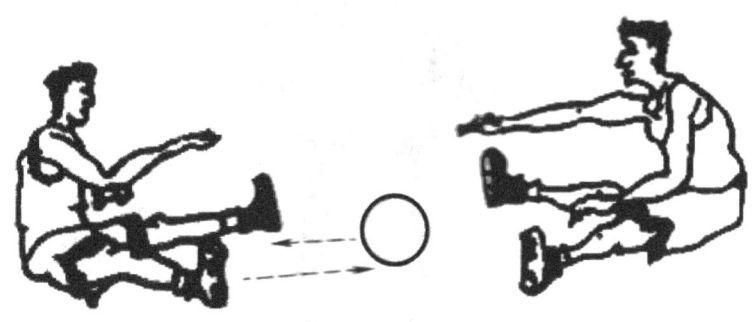

图 4-35　坐地滚球

要求：用腿接住球，把球滚直，双手交替。两个人之间的距离可以适当增加。

（三）胯下运球

方法：两人背对着站立，双脚和肩膀一样宽。其中一人将球自然地举在身前，练习时身体向前弯曲，用双手将球穿过双腿之间向后反弹，接着另一个人接住球，两人交替进行（见图4-36）。

图 4-36　胯下运球

要求：不要移动脚。

（四）背后抛接球

方法：两人相对站立，双脚自然张开，其中一只手将球放在臀部的位置。开始时，双手将球抛向上方，使球从后面经过头顶到达对方的后面，对方接住球后再将球抛回。重复进行（见图4-37）。

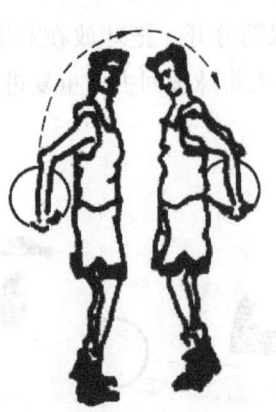

图 4-37　背后抛接球

要求：保持身体挺直，不要移动双脚，把球扔到一个合理的高度，使动作连贯。

第二节 移动训练

一、移动技术基本理论

（一）移动技术的概念

移动是篮球运动中各种脚步动作方法的统称。采用移动技术，能够改变篮球运动的位置、方向、速度和高度，是掌握和运用进攻或防守技术的基础。

防守中运用移动技术可以以保持或获得优势，防止对手运球、打球、破球或抢篮板。移动是篮球技术的基础之一，也是篮球运动中使用最多的基础技术之一。

移动技术分为：

平步技术动作——起动、变速跑、侧身跑、后退跑、急停、攻击步、交叉步、滑步。

转动技术动作——前转身、后转身、各方向的跨步跑、后撤步。

跳动技术动作——单脚跳和双脚跳。

（二）移动技术动作分析

1. 准备姿势

球员在开始运动之前，应该确定自己的起跑姿势，这样才能为后续的各种技术动作做好准备。保持站立姿势的球员将自己的姿势保持在双脚开立的状态，使双腿的距离和肩的宽度是相同的，将身体重心下移，上半身应该维持在一个前倾的状态，双臂下垂。

2. 身体平衡

为了提高篮球技术的成功率，我们应该做好身体的平衡控制。影响身体平衡的因素有支撑面、重心距离地面的距离、稳定角、神经系统等。

3. 蹬地用力

为了实现动作的目的，运动员必须给地面一个力量，并在地面力量的帮助下，完成支撑的动作。

（三）移动技术训练顺序

基本站立姿势—起动—跑（各种跑）—急停（跨步、跳步急停）—跨步或转身—跳—综合移动。

二、移动技术基本训练方法

（一）基本站立姿势练习方法

基本站立姿势是篮球攻防技术的准备姿势，它直接影响着各种动作的速度和质量。

（二）跑动技术练习方法

跑动是篮球比赛中的一项基本运动。步法训练应从跑步开始，同时结合基本站立姿势、起跑和综合步法进行。

首先学习放松跑，然后学习快跑、变速跑、变向跑、侧身跑、后退跑等动作。在训练中要抓住篮球运动跑的特点，特别要注意正确的蹬伸动作和全身各部位的协调配合。为了使队员掌握跑的技术，可开展向不同方向、不同距离和用不同速度跑的练习，并重视用视觉信号来指挥和训练队员的判断反应能力，完善跑的技术，提高跑的速度。

（1）原地放松跑、高抬腿跑、小步跑等。

（2）放松中速跑。

（3）听信号或看信号向不同方向起动快跑。

（4）在各种不同情况下（蹲下时、原地各种跑步、原地向上向侧起跳落地、滑步中、急停后等）听信号或看信号向不同方向起动快跑。

（5）自己抛球或另一人抛球（先近后远）后，起动快跑接球，不让球落地。

（6）在场地内根据手势或其他信号做侧身跑、变速跑、变向跑、后退跑练习。

（7）在场内按规定的位置或结合绕障碍物，做侧身跑、变速跑、变向跑、后退跑练习。

（8）在场内做直线快跑练习，并结合急停、转身做折回跑练习。

（9）在场内利用圈、线做折线跑、弧线跑练习。

（10）在场内利用变向、急停、转身做折线快跑练习。

（11）在场内连续交替做各种跑练习。如直线跑转为弧线跑、弧线跑转为直线跑、变向跑转为弧线侧身跑等。

（三）急停技术练习方法

在急停教学训练中，应先学习跨步急停，再学习跳步急停。在讲解释紧急停止动作的方法时，教练应该分析如何利用外力和内力的相互作用来改变人体的运动状态。演示时一定要注意行驶速度和制动方法，注意动作规范。

（1）慢跑、中速跑中做跨步急停和跳步急停练习。

（2）直线快跑中做跨步急停和跳步急停练习。

（3）快跑中听信号或看信号做跨步急停练习。

（4）跑动中急停接球做策应练习。

（5）跑动中做接球急停和接球急停后传球练习。

（6）跑动中做急停后转身传球练习。

（7）运球急停后传球。

（8）运球中急停急起。

（9）运球急停跳起传球。

（10）运球急停跳投。

要求：训练可以从慢跑开始，逐渐过渡到快跑。根据场地的不同情况，可以结合其他动作进行练习，增强急停动作的实用性。练习急停时，要保持身体平衡姿势，两脚开立与肩同宽，屈膝、直腰，臀部下坐，抬头，保持三威胁姿势（假设双手持球准备投篮的姿势）。但要注意控制重心，在急停后，连贯地连接到下一个动作。控制跑步速度，注意不要跳得太高，而是轻轻地跳起来，重心放在臀部，抬头，否则会失去平衡。注意手的位置（假设双手持球），随时准备投篮。

（四）转身技术练习方法

转身训练，首先队员要明确中枢脚和移动脚的作用、两种转身方法可以同时进行。

（1）原地徒手或持球，做两脚交替转移重心练习。

（2）原地徒手或持球，做跨步、撤步、前转身、后转身练习。

（3）原地徒手或持球，面对或背对防守，做跨步、撤步、前转身、后转身练习。

（4）原地接球后做前转身、后转身传球或运球练习。

（5）跳起接球后做前转身、后转身传球或运球练习。

（6）跑动中急停后做前转身或后转身继续跑动练习。

（7）跑动中接球急停后，做前转身或后转身传球后继续运球练习。

（8）跑动中做后转身继续前跑练习。

（9）运球中做前转身或后转身练习。

（10）在一对一攻守中做前后转身护球和摆脱对手练习。

要求：掌握转身的动作要点，转动要快，重心要平稳，不要上下波动。转身后要快速做下一个动作。

（五）跳技术练习方法

跳应从原地双脚起跳开始，逐步过渡到助跑或跑动中单脚起跳和双脚起跳。

（1）原地（基本站立姿势）向上，向前上方，向侧上方，向后上方做双脚起跳。

（2）原地向上连续轻跳（逐渐用力向上跳）。

（3）原地向上跳起转体90度、180度、360度。

（4）原地后转身双脚起跳或后转身向侧跨步双脚起跳。

（5）助跑两三步、变向跑两三步，后转身助跑两三步后接单脚起跳或双脚起跳。

（6）助跑后单脚起跳用手触及篮板或篮圈。

（7）跑动中左右跨步和向前跨步。

（8）两人轮流起跳抢双吊球，一人连续起跳抢双吊球。两个球（球的距离可以增减，加大难度）的侧跳；也可两人连续交替跳起抢双吊球。

（9）空中接、传球练习，两人面对站立、相距3米左右，连续跳起在空中传接球。队员面对篮板成一路纵队站立，依次跑动跳起在空中接篮板反弹球并在空中将球传向篮板。

（10）跑台阶或连续向凳子面跳上跳下。

要求：起跳方法要正确，蹬冲动作要快速、突然、有力（爆发力），要注意提腰和摆臂的协调。在持球或接球的组合练习中，要注意培养判断球的方向、落点、起跳时间以及空中控制身体平衡能力的培养。落地时要注意膝盖弯曲，并与下一步动作连接。跳的训练要与素质训练相结合，并规定一定的数量。

（六）防守步法练习方法

防守步法训练中要突出以滑步为重点，在掌握滑步动作的基础上，再学习后撤步、攻击步、交叉步、绕步等步法。

1. 单个动作练习

原地做好基本姿势，看手势或信号做以下练习：

（1）侧滑步、前滑步、后滑步（由单个动作向连续动作过渡）。

（2）后撤步、交叉步、攻击步、碎步（由单个向连续动作过渡）。

（3）后撤步接侧滑步、交叉步接侧滑步、攻击步接后撤步。

2. 按规定路线或设置障碍物练习

按规定的路线或设置障碍物做以下练习：

（1）"Z"字形滑步。

（2）三角形滑步（上步、撤步、侧滑步）。

（3）小"8"字滑步。

（4）围绕障碍物做向前或向后的绕步。

（5）"丁"字碎步。

3. 防守步法组合练习

按以下的组合进行防守步法的组合练习：

（1）快跑—退跑—侧滑步。

（2）快跑—侧滑步—向上跳。

（3）侧滑步—后撤步—侧滑步。

（4）侧滑步—前滑步—侧滑步。

（5）侧滑步—向上跳—侧滑步。

（6）攻击步—向上跳—侧滑步。

（7）侧滑步—向上跳—向后跑。

（8）侧滑步—后滑步—向侧跑。

（9）前滑步—向侧跑—侧滑步。

（10）后滑步—向侧跑—向上跳。

三、移动技术组合训练方法

（一）半场组合练习

1. 徒手跑路线练习

图 4-38 表明，利用徒手偏转可以摆脱防守切入篮筐，进而提高步法的灵活性和快速偏转切入篮筐的能力。在移动和改变方向的过程中，速度可以由慢变快，从而快速起动，突然改变方向摆脱防守。

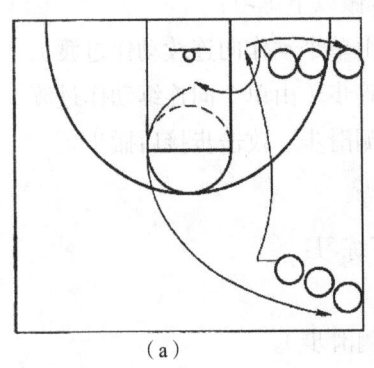
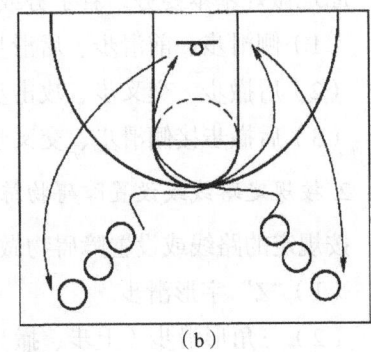

（a）　　　　　　　　　　（b）

图 4-38　徒手跑路线练习

注：图中〇代表持球运动员跑动的位置。

2. 徒手做掩护的移动路线练习

图 4-39 表明，给同伴做掩护后的移动路线练习，能够使被掩护者体会掩护后的切入动作及变向起动移动路线，从而提高步法的灵活性。

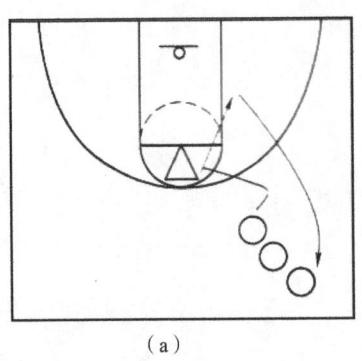
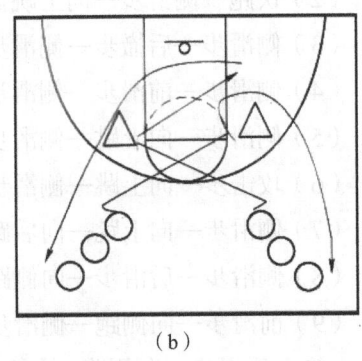

（a）　　　　　　　　　　（b）

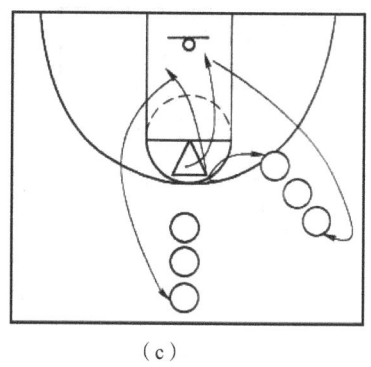 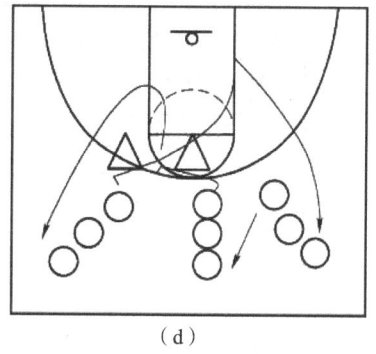

图 4-39　徒手做掩护的移动路线练习

注：图中〇代表持球运动员跑动的位置；△代表作掩护的队友。

3. 半场摆脱攻守练习

图 4-40 表明，进攻队员向不同方向摆脱接球，防守队员积极进行阻挠。

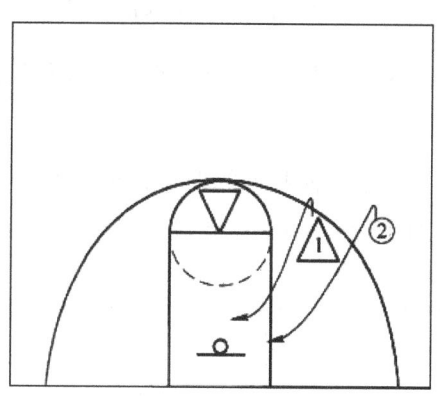

图 4-40　半场摆脱攻守练习

注：图中②代表持球进攻方队员；△代表防守方队员。

4. 结合传接球跑路线练习

图 4-41 表明，传球接球的练习，能够使接球者掌握跑动过程中的换向和截球技术，进而提高运动员跑动过程中的步法灵活性和接球能力。

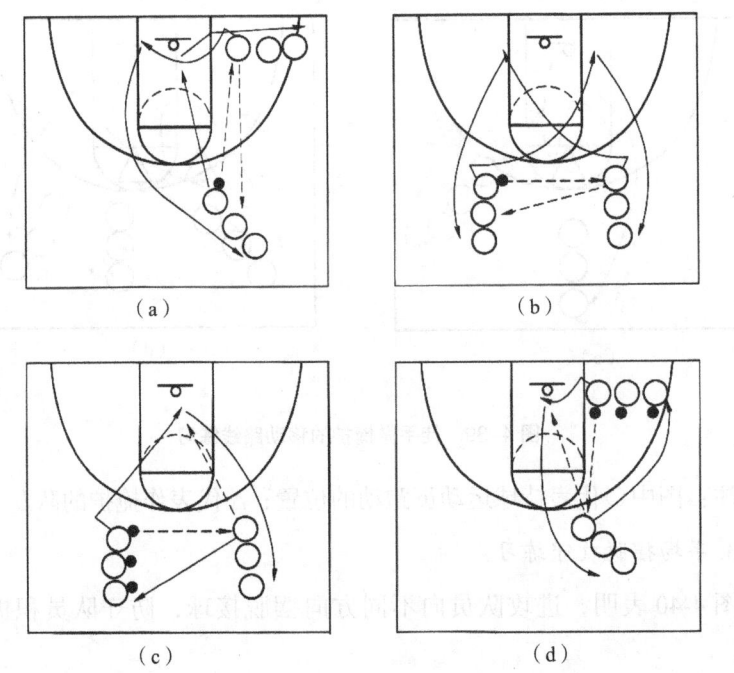

图 4-41 结合传接球跑路线练习

注：图中○代表运动员跑动的位置；●代表篮球的位置。

5. 二防三综合练习

图 4-42 表明，二防、三防技术的训练能够提高步法的灵活性和速度，实现两名防守队员之间的协调配合，提高移动技术的质量。

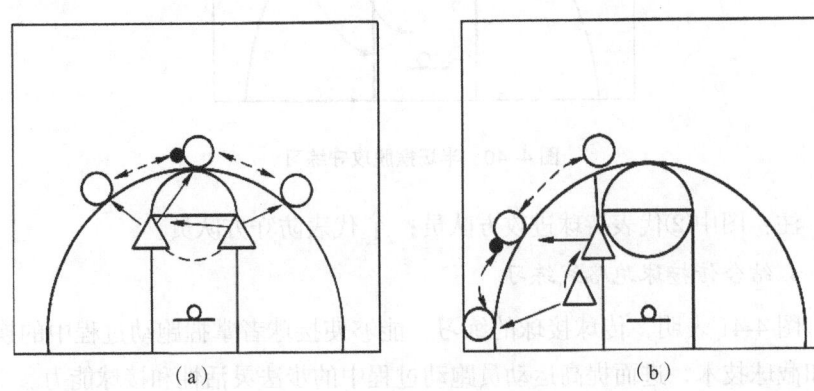

图 4-42 二防三综合练习

注：图中○代表持球进攻方队员跑动的位置；●代表篮球；△代表防守队员。

半场组合练习要求：根据半场的特征组合，突出策略的灵活性和移动的速度运动，同时结合实际篮球比赛的要求，突出半场进攻和防御的特点，移动路线，强调操作的正确性和合理性。

（二）全场组合练习

方法：两人一组，一人为进攻队员，在球场上原地或行进间做快跑、变速跑、变向跑、转身、急停、跳起、固定策应等动作。另外一名队员应该主要负责防守，并保持自己的防守优势。

（1）进攻中跑动及换位练习（见图4-43）。

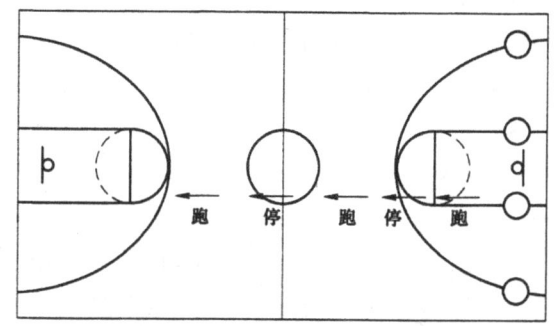

图4-43　进攻中跑动及换位练习

注：图中○代表运动员练习起始站位。

（2）起动与滑步组合练习（见图4-44）。

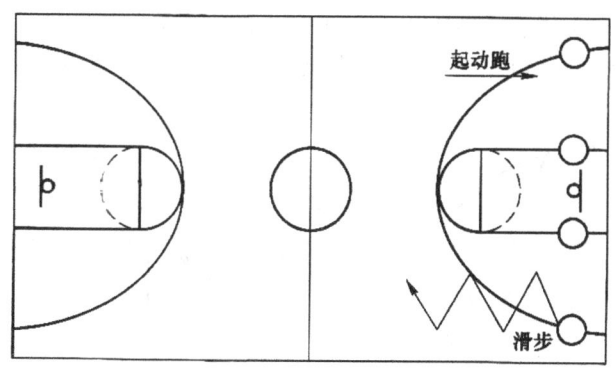

图4-44　起动与滑步组合练习

注：图中○代表运动员练习起始站位。

（3）快速斜侧滑步综合练习（见图4-45）。

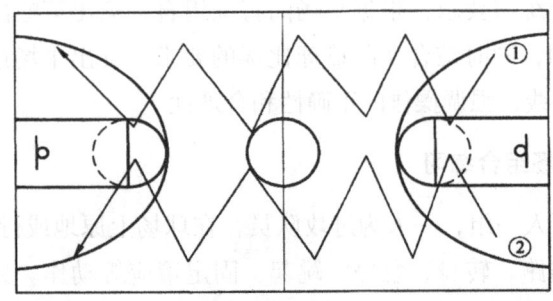

图4-45 快速斜侧滑步综合练习

注：图中①②代表运动员练习起始站位。

（4）后退跑接交叉步接滑步练习（见图4-46）。

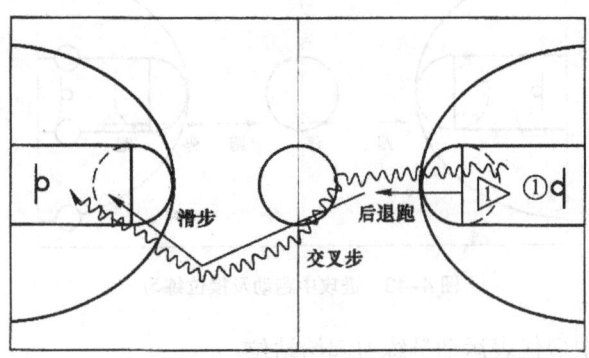

图4-46 后退跑接交叉步接滑步练习

注：图中①代表持球进攻方；⚠代表防守方队员。

（5）撤步、滑步、交叉步、跳起断球动作练习（见图4-47）。

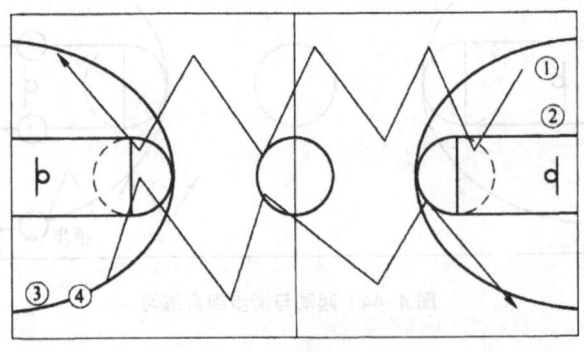

图4-47 撤步、滑步、交叉步、跳起断球动作练习

注：图中①②③④代表运动员练习起始站位。

全场组合练习要求：充分利用全场，突出跑、滑、撤、急停、转身、绕步等综合移动的运用，通过攻守对抗，提高移动的应变能力，同时强调各动作的正确性和合理性。

四、移动技术训练常见错误动作及纠正方法

（一）基本站立姿势易犯错误与纠正方法

1. 易犯错误

①两腿直立，重心高。不习惯屈膝降低重心或由于腿部力量不足，不能持久保持稳定的基本站立姿势。②两臂不习惯屈肘下垂，置于体侧。③上体过于前倾，全脚掌着地。

2. 纠正方法

（1）讲解示范法。教练在讲解示范动作时，可以运用对错对比的方法，对示范动作进行分解，使运动员对正确的技术动作有一个清晰的概念。在训练过程中，教练应时刻提醒、严格要求，使运动员逐渐养成良好的习惯。

（2）诱导法。①信号诱导练习：运动员成体操队形，在教练面前做基本站立姿势，教练可伸出几个手指让运动员报数或用语言诱导队员抬头看，目的是针对队员所出现的不同错误进行重点纠正。②辅助练习：队员成基本站立姿势，做轻微的从左到右来回跳跃练习。30秒为一组，目标是纠正运动员学习基本站立姿势的错误，两腿直立，重心高。

（二）跑动技术易犯错误与纠正方法

1. 起动技术易犯错误与纠正方法

（1）易犯错误：①重心移动的速度过慢；②身体的重心过高。

（2）纠正方法。①讲解示范法：在队员练习时，教练应随时提醒，多做对错对比演示，反复强调动作要领，使运动员在起动前保持正确的基本站立姿势，以利于随时起动。②诱导法：运动员原地做碎步跑练习，15~20秒为一组。③变换练习法：两人一组，纵向站立，前后相距2米左右，听教练信号做起动练习。

要求：以上练习要求掌握各种跑的方法，特别要掌握用不同的蹬地方法（全脚掌、前脚掌、前脚掌内侧等）来改变支撑脚用力的方向、角度，从而达到重心协调转移和快速运动的目的。练习跑步时上身放松，重心降低，手臂自然摆动。要随时准备接球或做各种持球攻击动作。同时要强调改变一个运动，应该加快速度，从而获得位移的主动权。

2. 侧身跑技术易犯错误与纠正方法

（1）易犯错误：①跑动时头和上体未转向有球方向或一跑一回头，影响跑速；②脚尖没有指向前进方向，形成交叉步跑、滑跳步跑。

（2）纠正方法。①讲解示范法：教练应强调侧身跑与其他跑的区别和技术要点。更多地使用分解演示，让团队看到各个环节的运动情况。②变换练习法：运动员在集体慢跑的时候一边跑步一边练习，根据队员们所犯的不同错误进行重点纠正。开展圆圈跑接力赛，目的是纠正脚尖没有指向前进方向，形成交叉步，滑跳步跑或一跑一回头而影响跑速的错误。

3. 变向跑技术易犯错误与纠正方法

（1）易犯错误：①变向跑时，脚尖没有内扣；腰胯没有带动上体转向改变方向，上体没有前倾。②变向后没有加速动作。

（2）纠正方法。①讲解示范法：反复强调脚步、腰部、重心的动作要领。多做正面论证、分解论证、对错对比论证，使团队树立正确的行动理念。②队友相互诱导：两人一组，前后站着，相距约2米。在看到教练的信号后，前面的运动员改变方向，后面的球员追赶同伴。然后轮流练习。③语言、手势诱导练习：队伍站成体操队形，根据教练的手势不断地做换向跑动作。在练习中，教练会提醒运动员做内扣、上半身旋转、加速等动作，并引导运动员按照正确的动作方法进行练习。

4. 后退跑技术易犯错误与纠正方法

（1）易犯错误：①背部缺乏运动感，导致上半身过于向前、低头和前脚掌跑；②有畏惧感，怕摔跤，两条腿不敢抬起来，出现拖着地面跑或大步跑、跳着跑的现象。

（2）纠正方法。①讲解示范法：反复强调动作方法、技术要点及使用；多运用对错对比的方法进行论证，使团队树立正确的技术动作观。

②诱导法：两人一组，相距 2 米左右面对面站立，一人向前慢跑，一人后退跑，当跑到一定的距离时，后退跑的人急停变为向前跑，向前跑的人则急停后退跑。循环进行。

（三）急停技术易犯错误与纠正方法

1. 跨步急停

（1）易犯错误：①身体重心过高，上体过于前倾，急停后身体重心没保持在两腿之间；②第一步跨步过小，第二步落地时脚尖末梢向内转并且用脚前掌内侧蹬地；③急停没有屈膝降低身体重心，身体重心没有后移；④急停后身体侧转过大，改变了方向。

（2）纠正方法。①讲解示范法：针对动作的重点和难点，反复强调方法的重点；通过不同的演示面，分解和对与错的对比演示，使运动员清晰地看到动作结构，掌握正确的技术动作。②分解、组合练习：在练习中将跨步急停动作分为一步大、二步小、三降低重心、四脚内扣等几个部分，在走动中或慢跑中进行分解练习；待基本掌握各局部动作后再进行完整动作练习。③变换练习法：通过降低动作难度，在走动或慢跑中根据教练的手势或口令做跨步急停练习；或通过分组练习，在走动或慢跑中根据教练的手势或口令做跨步急停练习。

2. 跳步急停

（1）易犯错误：①双脚落地时，两脚开立过大或过小；②没有平跳急停，身体过于前倾；③急停时身体重心没后移，腰部的用力和脚的扒地用力不够。

（2）纠正方法。①讲解示范法：通过反复强调平跳，上半身后仰，重心向后形成坐姿，用前侧脚底内侧蹬地，两腿弯曲，腰部腹部力量控制身体重心平衡。通过不同的展示面，对与错的对比展示，让运动员加深对技术各个环节的理解。②变换练习法：根据教练口令在慢速中反复（连续）做一跨（向前跨一步）、一跳（双脚平跳）的练习，通过降低练习难度，针对运动员所产生的不同错误进行重点纠正。③限制练习法：根据运动员的身高情况，画出跨出脚和跳步急停后两脚落地的标记线，运动员以此进行练习。

（四）起跳技术易犯错误与纠正方法

1. 双脚起跳

（1）易犯错误：①起跳时，蹬地与摆臂的协调性不足；②起跳后身体没有向上伸展。

（2）纠正方法。①讲解示范法：强调起跳时间和蹬地摆臂之间的关系，让运动员更为了解技术上的概念；通过对与错的论证和比较，让运动员对起跳的各个环节的方法和要领有更深入的了解。②语言诱导练习：在练习中，教练根据运动员的练习情况及时提示他们，如"用力蹬地""快速挥臂""身体挺直"等，引导运动员以正确的方式完成技术动作。③分解练习：运动员成体操队形，根据教练的口令进行集体练习，口令一是屈膝下蹲，口令二是摆臂蹬地起跳。起跳后，身体在空中要自然向上方伸展。④降低难度练习：运动员成体操队形，根据教练口令，原地做双脚轻跳练习。

2. 单脚起跳

（1）易犯错误：①蹬地不充分，另一腿没有屈膝上提帮助起；②摆臂、蹬地、提腰等环节配合衔接不好；③向上起跳不够，前冲过大。

（2）纠正方法。①讲解示范法：反复强调单脚跳和两脚跳的区别和共同点；通过分解论证、对错对比论证，使运动员树立正确的技术动作概念。②诱导法：根据教练的指导，运动员做手臂摆动的模仿练习，蹬地—抬膝—提腰；专注于纠正运动员所犯的不同错误；运动员在练习中注意教练的指导，只做模仿起跳动作的练习，不起跳。③限制法：标记限制练习，在球场内画上明显的标记线，运动员按照标记要求进行单脚起跳练习；标记障碍限制练习，在起跳的标记线前1.5米处画出起跳后落地的标志线（或教练站在此处），运动员以此进行练习，目的是纠正起跳向上不够、身体前冲过大的错误；对于纠正起跳前一步的步幅过大、身体重心太低以致跳不起来的错误，在场地上按照所画的标记，以第一步大、第二步（起跳步）小的规则进行练习。④变换练习法：通过降低前一动作条件练习难度，如在走动或慢跑时进行单脚起跳练习，能纠正起跳前一步的步幅过大、重心过低而不能起跳、摆臂、蹬地、提腰等环节衔接不到位的错误。通过提高难度练习，结合运球上篮或助跑起跳摸篮圈（篮板）进行练习，目的是纠正起跳前一步的步幅过大、身体重心太低以致跳不起来、向上起跳前冲过大的错误。

第三节　运球递进训练

一、运球技术基本理论

（一）运球概念

运球的概念是，控制球的运动员应该在持续的运动中，用手持续控制球，实现这一反弹的效果。

（二）运球技术基本动作分析

1. 身体姿势

两膝保持相应的弯曲，上体稍向前倾，抬头，注视场上的情况。

2. 上肢动作

在做上肢动作的过程中，应该将肩关节作为核心，用力收紧手臂的动作，同时保证肘部自然，五指自然分开，加大触球面积，并用手指的指根位置和掌心的边缘位置控制球的运动，在球和掌心接触的过程中，应该保证掌心内有一定的空间。击球的位置应该由球的方向和位置决定。根据击球位置的差别，球的落点也应有所不同。在发球力度变化的情况下，球离地面的高度和速度也会发生一定的改变。在运动员控制住球之后，应该保持对球的控制，这样击球的效果也能够得到保证，运动员也能有充分的时间观察球场的实际情况。

3. 下肢配合

运球的过程一般是在运动员的跑动过程中完成的，运动员在这个过程中不仅要保证运动速度和跑动速度的一致，还应该将动作的节奏维持在一个较稳定的状态下，控制好运动的重心。

（三）运球技术训练顺序

原地高、低运球—行进间（慢速后快速）直线高低运球急停急起—

体前变向（放手或不换手）运球—运球转身—背后运球—胯下运球综合技术等。

二、运球技术基本训练方法

运球动作主要包括四个环节：手和脚的相互协调、球的具体落地位置、手臂的详细动作、身体的动作姿势。其中，手对球的控制能力、脚步动作的熟练程度以及手脚的协调配合是完成运球技术的基础。

（一）原地运球技术练习方法

（1）原地运球模仿练习，体会手、手臂动作。

（2）原地高运球或低运球练习，体会手指手腕上吸下按的动作，以及手触球的位置和控制球。

（3）原地体前左、右手交替运球体会换手时推拨球的动作与按拍球的位置。

（4）原地体侧前后运球体会前推、后拉运球时，手按拍球的位置和用力。

（5）原地背后运球体会背后运球动作，手拉球动作的运用与背后拨球动作。

（6）原地转身运球体会转身运球动作，手拉球转身动作的运用。

（二）高运球和低运球技术练习方法

①和⑤各持一球，练习开始。①和⑤向前运球到另一边端线，分别将球交给③和⑦，然后站在④和⑧的后面。③和⑦接球后，向前运球到另一边端线，分别将球交给②和⑥。反复进行练习（见图4-48）。

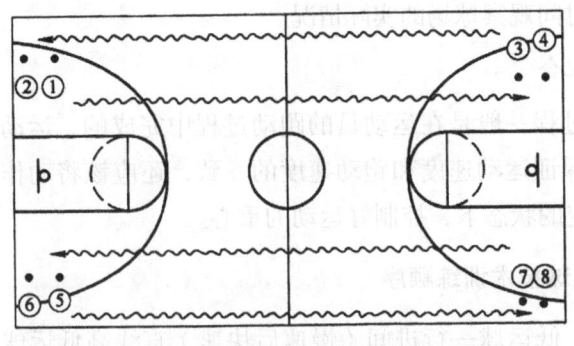

图4-48 高运球和低运球技术练习

注：图中①②③④⑤⑥⑦⑧分别代表8名队员的练习起始站位；●代表篮球。

（三）运球急停急起技术练习方法

方法：①到⑤每个队员一球，根据教练的信号练习急停急起或变向运球，相对的两个组进行交换练习（见图4-49）。

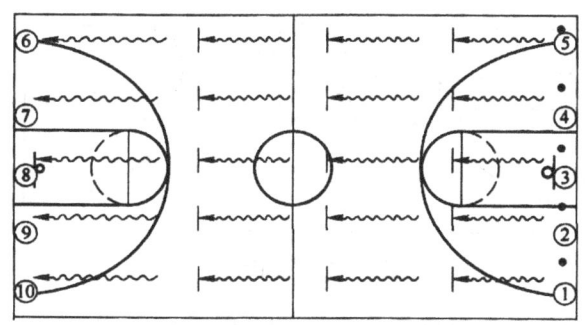

图4-49 运球急停急起技术练习

注：图中①②③④⑤⑥⑦⑧⑨⑩分别代表10名队员的练习起始站位；●代表篮球。

（四）体前变向换手运球技术练习方法

1. 弧线运球

方法：①沿罚球圈、中圈做弧形运球到对面的端线，再沿边线直线运球返回（见图4-50）。

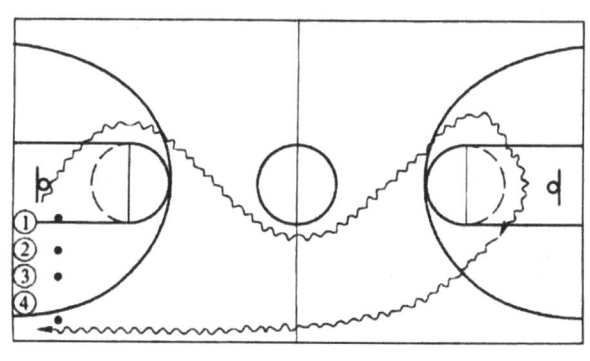

图4-50 弧线运球

注：图中①②③④分别代表4名队员的练习起始站位；●代表篮球。

2. 圆圈运球

方法：①沿罚球圈、中圈做圆周运球到对面端线，再沿边线直线运球返回（见图 4-51）。

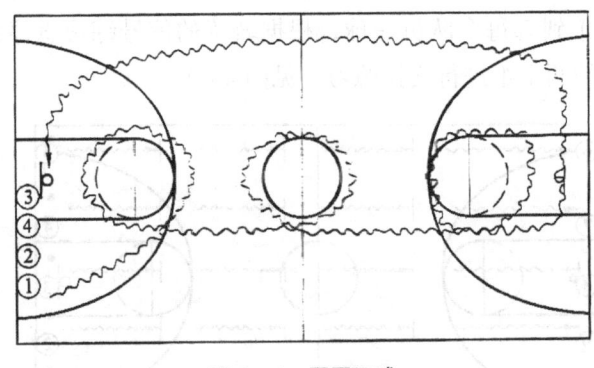

图 4-51　圆圈运球

注：图中①②③④分别代表 4 名队员的练习起始站位。

（五）运球转身技术练习方法

1. 原地运球转身练习

方法：以一只脚为中枢脚，做运球转身动作，转身角度由小到大。

要求：运球转身过程以一次拍球完成，身体重心不要上下起伏或身体后仰。

2. 运球移动中，做转身运球动作练习

在运球中以一只脚为中枢，做运球转身动作，左右手交替进行。首先慢速完成运球转身动作，并逐渐加快运球速度，直至快速完成运球转身技术动作。

3. 两人配合练习

方法：两人一组，一人原地站立不动，另一人进行行进间运球，当运球接近同伴时做运球转身动作。

要求：运球转身时，身体重心要降低，转身要快，转身后要有加速动作。

（六）背后运球技术练习方法

方法：原地做背后运球练习。原地成弓步，做背后运球练习；在运球移动中，做背后运球技术练习。

要求：背后运球时手部动作与脚步动作配合要协调，要将"拉"球——拉到体侧后方，"转"球——手掌立即转向前方，"拍"球——拍球的右（左）侧后方结结在一起。练习时身体重心降低，动作要连贯、柔和，运球时手要控制球的运行，球不能离身体太远。

（七）胯下运球技术练习方法

1. 原地做胯下运球练习

方法：原地两只脚平行打开成弓步，做左右胯下运球练习。

要求：练习时，两手配合要好，非运球手要主动迎球。

2. 移动中做胯下运球练习

方法：在慢速移动中做胯下运球，注意手部动作与脚步动作配合协调，胯下运球变向与向前跨步的同时，拍球的侧上方。

要求：运球时"送球"时间要长，两手同时在胯下做交接球。

3. 连续跨跳步胯下运球练习

方法：运动员成体操队形，两只脚平行打开，在做胯下运球动作的同时，原地做前后脚交换的跨跳步。重复进行。

要求：在做胯下运球、球击地练习的同时，两脚跨跳步前后交换并注意手与脚的配合。

4. 两人配合练习

方法：两人一组，一人原地站立不动，当运球接近另一人时做胯下运球练习，达到突破对手的目的

要求：速度由慢到快。

三、运球技术组合训练方法

（一）后转身运球或背后换手变向运球

方法：在运球到障碍物 X 前，做后转身运球一次或背后运球一次，换手运球后继续前进，到另一侧端线，沿边线直线快速运球返回（见图 4-52）。

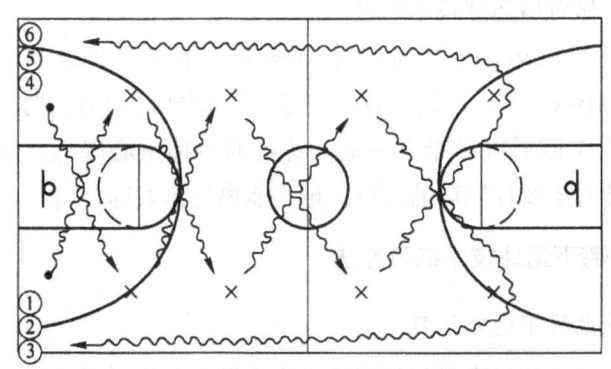

图 4-52　后转身运球或背后换手变向运球

注：图中①②③④⑤⑥分别代表 6 名队员的练习起始站位；X 代表障碍物。

要求：运球遇到障碍物时，要降低身体重心，变向动作要快。变向后要突然加速超越对手。

（二）运球与投篮

方法：队员沿 3 秒区加圈顶进行弧形运球投篮。每人一球，自投自抢回到排尾，练习依次进行（见图 4-53）。

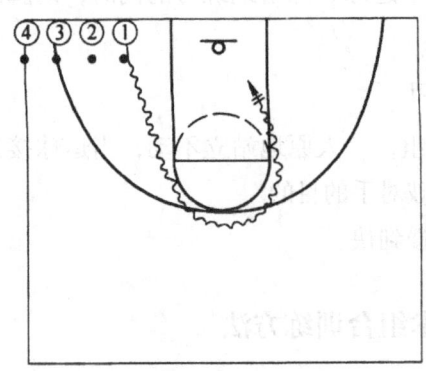

图 4-53　运球与投篮

注：图中①②③④分别代表 4 名队员的练习起始站位；●代表篮球。

（三）结合传切、投篮的运球

方法：两人一组一个球，①向前运球。②同时向前移动，在罚球圈顶附近，①传球给②后切入接②的回传球，马上进行投篮。②跟进冲抢篮板球（见图 4-54）。

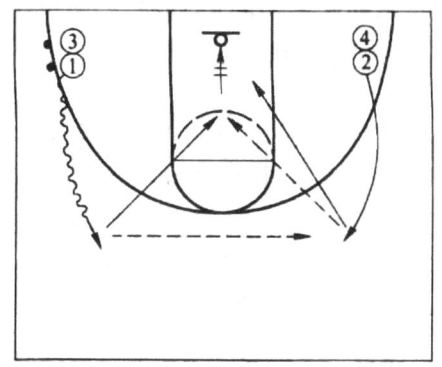

图 4-54　结合传切、投篮的运球

注：图中①②③④分别代表 4 名队员的练习起始站位；●代表篮球。

（四）背后运球变向突破上篮

方法：每人一球，①用右手运球，到罚球线右侧马上从背后运球变向切入，运球投篮（见图 4-55）。

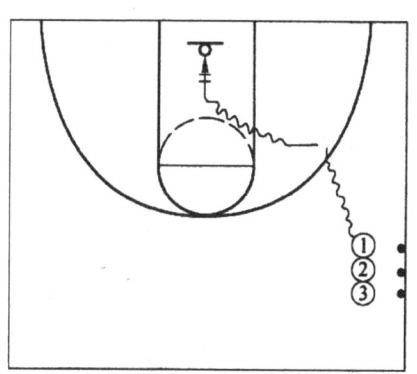

图 4-55　背后运球变向突破上篮

注：图中①②③分别代表 3 名队员的练习起始站位；●代表篮球。

要求：从左侧突破时，用右手运球，从背后变向运球后，要用左手运球上篮，右侧相反。变向后要加快速度切入，最后只运一下球，马上接球上篮。要自投自抢篮板球。

（五）后转身运球上篮

方法：①②分别沿边线运球，到与弧顶平行时，先后做后转身运球上篮、后转身虚晃运球上篮、后转身运球急停跳投、前转身结合后转身突破上篮练习。每种动作各练习3~4次，依次进行（见图4-56）。

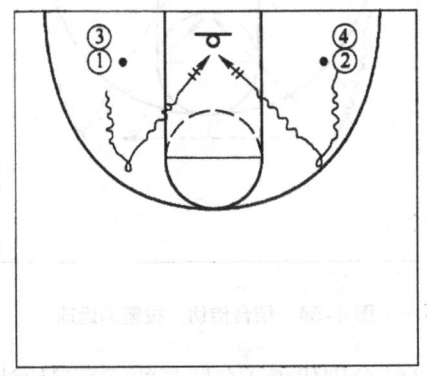

图4-56 后转身运球上篮

注：图中①②③④分别代表4名队员的练习起始站位；●代表篮球。

要求：左侧上篮用左手运球，右侧上篮用右手运球。

（六）3人"8"字运球

方法：①运球切入，与③相遇，交叉掩护配合，①传给③，③同样运球切入，与②相遇，交叉掩护配合，③传球给②。3人连续运球，位置保持一定的距离（见图4-57）。

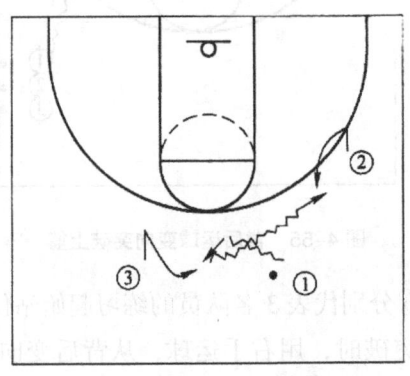

图4-57 3人"8"字运球

注：图中①②③分别代表3名队员的练习起始站位；●代表篮球。

要求：要运用外侧手运球。交叉掩护配合传球后，要创造突破上篮的机会。开始可在无防守的情况下练习，然后在有防守的情况下练习。

四、运球技术训练常见错误及纠正方法

（一）原地运球技术易犯错误及纠正方法

1. 易犯错误

过于关注运球的情况，忽视了场上的问题；在运球的过程中，身体不能完全地放松下来，身体僵硬。

2. 纠正方法

（1）讲解示范法。教练应强调运球技术的特点，注意按拍球的位置、力量，球反弹距离远近，并在练习中随时提醒运动员相应的动作方法，使运动员明确运球时手接触球的位和球的落点。或运动员成体操队形，跟随教练做徒手运球练习，纠正运球时身体不够放松，尤其是臂、腕、指僵硬和掌心触球的错误。运动员手指自然张开，肘部弯曲以肘为轴，或以肩为轴上下摆动，做手腕上扬和下压动作。

（2）变换速度练习。运动员每人一球成体操队形站立，根据教练口令调整运球速度。要求运球动作放松，运球时动作正确。

（二）高运球和低运球技术易犯错误及纠正方法

1. 易犯错误

①过于关注运球的情况，忽视了对场内的关注；②低运球时没有屈膝降低重心，而是低头弯腰运球。

2. 纠正方法

（1）诱导法

运动员进行行进间高运球或低运球，教练做不同号码的（裁判）手势，运动员要根据教练所做的号码手势运球。也可以戴运球眼镜练习，用纸板自制运球眼镜进行练习。

（2）数数运球练习

运动员每人一球，做数数运球练习，感受手对球的控制。

（3）变换速度练习

运动员每人一球成体操队形站立，根据教练口令调整运球速度。要求运球动作放松，运球时动作正确。

（4）两人互看运球练习。两人一组，原地相距2米站立，运球时两腿弯曲，降低身体重心，上体前倾，头抬起，互看对方胸部高度进行运球练习。练习时，始终保持正确的低运球姿势，要注意根据同伴的运球速度而调整自己的运球速度。

（三）运球急停急起易犯错误及纠正方法

1. 易犯错误

（1）运球急起急停时，队员的脚步和球的速度不一致。

（2）运球急起急停时，由于按拍球的位置不正确。

2. 纠正方法

（1）讲解示范法。通过详细讲解运球急停急连的方式和技巧，使运动员了解按拍球的位置与急停急起的关系。

（2）诱导法。诱导法又分徒手模仿练习和原地运球的各种手法练习。

徒手模仿练习：根据教练口令，运动员徒手做急起急停的模仿练习，目的是纠正急起急停时运动员的脚步动作与球速配合不协调一致的错误。

原地运球的各种手法练习：根据教练口令，运动员原地做推球的后上方—拉球的前上方—按拍球的正上方的综合手法练习。目的是纠正因按拍球的位置不正确的错误。练习时，应掌握正确的按拍球的位置，身体重心随球的前后变化而移动。

（3）变换法

运动员根据教练指令，做走动、慢跑低运球练习。目的是纠正运球急起急停时人与球的速度不协调的错误。要求运球时要降低身体重心，抬头观察场上情况。运球的速度与走、跑的速度要保持协调一致。

（四）体前变向换手运球易犯错误及纠正方法

1. 易犯错误

①球和手的接触位置不正确；②在变向时，身体的重心问题较大。

2. 纠正方法

（1）讲解示范法。强调体前变向换手运球的技巧和要点，让运动员不断变换运球的方向，保证球和身体维持在一个恰当的距离。多做原地的分解和完整示范，在练习时加强语言提示，如"降重心""加速"等。

（2）诱导法。诱导法又分原地或行进间徒手练习和原地连续体前换手运球。

原地或行进间徒手练习：运动员集体跟教练做徒手模仿运球动作，根据教练口令做体前变向运球。目的是纠正过度转动手腕和换手太慢的错误。

原地连续体前换手运球：运动员成体操队形，每人一球，两脚平行站立，原地运球在脚尖的侧前方，根据教练的口令，教练喊"一"时原地运一次球，喊"二"时体前变向，循环练习。目的是纠正换手运球动作慢、手接触按拍球位置不正确、翻腕动作过大的错误。要求运球的力量稍大一些，换手运球动作快，手按拍球的左（右）侧上方。运球变向时不要有明显的翻腕动作，应"推送"到身体的另一侧，上体要在换手变向的同时稍侧转。

（3）限制法。限制法又分障碍、信号限制练习和利用各种障碍物练习。

障碍、信号限制练习：队员3~5人一组用一个球，成纵队前后相距2~3米。练习时，最后一人运球到同伴跟前，同伴侧平举起手臂，以便对方从臂下变向运球通过，然后立即将手臂放下。运球者不得碰到同伴手臂或被放下的手臂碰到，依次轮流进行运球练习。目的是纠正变向时身体重心高，蹬跨动作无力、缓慢等错误。要求运球变向时降低身体重心，换手动作迅速，跨越动作有力。

利用各种障碍物练习：设立木柱或椅凳等障碍物，让运动员在场内进行运球变向练习。目的是纠正换手动作慢、手按拍球的位置不正确等错误。要求变向时换手动作快速，降低身体重心，不得有翻腕动作，按拍球的位置正确。

（4）变换法。变换法又分变换练习速度和变换练习对手。

变换练习速度：在较慢的运球跑动速度中进行体前换手变向运球练习。目的是纠正运球中手接触球、按拍球的位置不正确、翻腕动作过大的错误。要求在练习中注意运球变向时按拍球的部位，球在手上停留时间不得过长，不得有明显的翻腕动作。

变换练习对手：通过增加防守队员，由原地站立不得移动到可以移动并可以伸手掏打球，运球者在防守队员面前进行体前变向运球。不断增加练习难度，纠正运球中换手运球动作慢、没有加速超越对手的错误。

（五）运球转身易犯错误及纠正方法

1. 易犯错误

①运球转身的工作不够一气呵成；②身体重心多次变化。

2. 纠正方法

（1）讲解示范法。通过讲解示范，运用语言加以强调。运球转身时，按拍球的前上方，并将球拉向身体的侧方并靠近身体。运球转身时身体重心要平稳，不得上下起伏。多方论证，对错对比论证，让运动员看到每一个技术动作的细节。

（2）诱导法。诱导法分为原地做徒手模仿练习、行进间做徒手模仿练习和背向前进方向的后撤步运球练习。

原地做徒手模仿练习：运动员站成体操队形，两脚平行张开，按照教练的指令，原地做高运球转身约 30 度，并做换手运球动作，随后逐渐加大转动幅度。

行进间做徒手模仿练习：队员慢跑做运球模仿动作，当听到教练口令后做跨步急停并立即做运球转身的模仿动作。目的是纠正运球转身时身体重心上下起伏、上体后仰及运球转身不是一次拍球完成的错误动作。要求重心不多次变动，身体在转弯时不应向后倾斜。运球转身时拉球动作和转身动作一拍完成。

背向前进方向的后撤步运球练习：队员背向前进方向，两脚平行开立做原地运球。根据教练口令，运球手的同侧脚向同侧后侧方撤一步，并模仿转身运球的动作转体 45 度，随动作交换手运球。

动作熟练后，左右手可连续做背向前进方向的后撤步运球练习。要求运球转身前的最后一次运球要将球控制在体侧。运球转身时手臂要靠近身体，手控制球不能出现"划弧"动作。

（3）变换练习法。通过增加难度，教练进行防守，当球员运球和转身传球时，教练从后面扣球。目的是纠正运球时球离身体太远的错误，而不是一次射门。同时要求运球转身一次完成，动作一致。运球转身时，应加强手控球，使球靠近身体一侧。

（六）背后运球易犯错误及纠正方法

1. 易犯错误

①手和球的接触位置错误；②在变向之前，球的位置和身体的距离不恰当。

2. 纠正方法

（1）讲解示范法。①教练应强调背后运球的手法为"拉"球——将球拉到体侧后方，"转"球——手掌立即转向前方，"拍"球——拍球的右（左）侧后方。②背后运球的同时左（右）脚迅速向左（右）前方跨出。③示范多采用手法与步法的分解示范，示范动作不要太快。

（2）原地手法模仿练习法。运动员成体操队形，根据教练口令做"拉转一拍"的背后运球手法模仿练习，反复练习。目的是纠正背后运球时手接触、按拍球的位置不正确的错误。

（3）变换法。变换法分为变换难度练习和改变前一条件练习。

变换难度练习：运动员每人一球，并在自己面前假设一条线，练习前左（右）脚踏在线上，练习时做一次前拉后推运球，紧接着做背后运球，同时左（右）脚后撤，右（左）脚跨步踏线，反复练习。目的是纠正背后运球变向时挺腹，手、脚动作配合不协调的错误。要求身体重心始终稍向前，不得有直立和挺腹动作。背后运球时的撤步与跨步要快，手脚配合要协调。

改变前一条件练习：两人共同练习，在背后运球后加快运球的速度。要求慢速运球时，就要做好背后运球的准备。背后运球的同时，做好跨步、侧身、加速动作。

（七）胯下运球易犯错误及纠正方法

1. 易犯错误

胯下运球时手与脚的配合不协调等。

2. 纠正方法

（1）讲解示范法。详细讲解胯下运球的技巧，强调胯下运球变向时与向前跨步的同时，按拍球的侧上方，运球时"送球"时间要长，两手同时做胯下交接球练习。

（2）诱导法。诱导法分为原地或行进间模仿练习和原地运一次球做一次胯下运球练习。

原地或行进间模仿练习：队员成一列横队，根据教练口令原地或行进间做胯下运球的模仿练习。目的是纠正胯下运球非运球手接球晚及手脚配合不协调的错误。在行进间练习中，向前跨步的同时做胯下运球动作。

原地运一次球做一次胯下运球练习：队员成体操队形，两只脚平行打开，原地体侧运球一次，接着做胯下运球。重复练习。

（3）变换法

变换法分为跨步走步连续胯下运球练习和改变前一个条件练习。

跨步走步连续胯下运球练习：队员大步向前慢走的同时左右连续做胯下运球。目的是纠正胯下运球时击地点不正确以及手与脚配合不协调的错误。

改变前一个条件练习：队员成一排横队运球慢跑，当听到教练的信号时，立即急停做胯下运球练习。目的是纠正运球时手与脚配合不协调的错误。要求急停时身体重心下降、两腿前后开立稍大些，在急停时做胯下运球。

第四章　篮球运动员的心理训练

　　心理训练是有目的、有规划地对运动员的心理活动进行一定影响的过程，主要是为了让运动员在赛场上保持最佳的心理状态，能根据实际情况不断进行自我调节与控制。篮球运动员的心理训练是适应现代运动竞赛的需要而发展起来的。本章为篮球运动员的心理训练，主要介绍四个方面的内容，分别是篮球运动员的动机训练、篮球运动员的注意力训练、篮球运动员投篮的心理训练、篮球运动员防守的心理训练。

第一节　篮球运动员的动机训练

一、动机的内涵与功能

（一）动机的内涵

动机是引起和维持个体活动，并使活动朝向某一目标的内部动力。动机存在着两个维度，即"方向"与"强度"。"方向"涉及人们的目标选择，也就是人们为何要去做一些事情；"强度"是指一个人为实现某个目标投入多少精力。动机和行为联系密切，动机是个体内在过程，而行为则是内在过程的结果。因此可以说，动机能够催动行为的发生与完成。运动动机是指运动员通过自我调控，将自己内心的需求（如本能、需要、驱力等）和外部激励（如目标、奖励和惩罚等）进行协调，形成激励和维持参与体育活动的动力因素。

动机的性质是多种多样的。不同性质的动机对人具有不同的意义，使人具有强度不同的推动力量。行动的方式、行动的坚持性和行动效果，在很大程度上受动机性质的制约。同样，篮球运动员良好的运动动机包括的内容也是多样的。比如，对自己的前途充满信心，认为经过刻苦的训练可以取得更好的成绩；让自己在取得成就的过程中，有明确的方向，保持心态的稳定；培养运动员的集体荣誉感，与全体运动员建立和谐的感情，形成一个团结友爱的集体。

（二）动机的功能

人的行动总是由某种原因所激发并指向一定的目标或方向。这种激发行动赋予行动方向性的动力，称为"动机功能"。运动动机对篮球运动员参加训练起着激发功能、指向功能、维持和调节功能。

1.激发功能

每个人的行动都有其内在的动机，运动员去篮球场进行训练也不是没有原因的。这就说明有一种强烈的愿望促使他们去训练。但愿望强烈到一定程度时便会化作一股动力，让运动员积极展开行动，投入篮球训练，使运动员从静止状态转向活动状态。这就是运动动机对篮球运动员参与运动训练的激发功能。

2. 指向功能

运动动机不仅能激发篮球运动员的运动行为，还能使运动员的运动行为具有稳固而特定的内容，将行为指向一定的对象或目标。例如，同样是进行篮球训练，有的运动员侧重对控球能力的培养，有的运动员则侧重对投篮命中率的提高。这些差异是由运动员运动动机的不同造成的。

3. 维持和调节功能

个体的行为通常指向预定的目标，而预定的目标需要通过一系列的阶段性目标才能达到。篮球运动员在完成系列目标的过程中，运动动机对行为不但有激发、指向的作用，还能维持和调节运动员活动的强度和持续时间，保证行为的有序进行，最终使行为达到预定目标而不发生偏离。良好的运动动机是影响篮球运动员竞技行为的重要因素，所以要加强对运动员正确运动动机的培养与激励，才能最大限度地发挥其激励效应。同时，要认识到运动动机对运动员行为的影响是复杂的，不适宜的动机会对运动员的运动行为产生不利影响，教练在平时的训练中应当对运动员运动动机的性质与强度做出准确的判断，当运动员出现不良运动动机时，及时地进行调控，以促进运动员更好地进行篮球训练。

二、篮球运动员动机的训练策略

（一）合理运用强化手段

强化就是在球员表现出合理的运动动机后，对其进行奖励或消除消极刺激的过程。适当地进行强化，既能调动球员的外在动力，又能促进球员内在动力的发展。如强化使用得不恰当，就会摧毁内外部的动机。同时，强化有积极强化和消极强化之分。

积极强化就是对某一具体行为进行及时的奖励，可以是精神上的（如教练的微笑、表扬），也可以是物质上的（如奖杯、奖状）。消极强化是指通过消除负面影响来激励球员某一具体的行为。比如，在篮球教学中，教练要求负的一方必须接受 2 000 米的惩罚，而在赛后，负的一方因为发挥得好，教练取消了对负的一方的惩罚，这就是消极强化。

在教学训练中，教练应合理运用强化手段，以便更好地培养和激发篮球运动员的运动动机。

在进行强化时要注意以下3点：

（1）对获得奖励的行为、条件和准则要做出明确的说明。举个例子，在一场篮球训练中，凡是在场上抢到了一定数目的篮板球，都可以在下一次的训练中自由选择准备活动，也可以带领整个队伍进行准备运动。

（2）对运动员的奖励要适度，否则运动员会误以为教练在操控自己的行为。

（3）应该让运动员明白，奖励并非终极目标，而是对能力、勤奋和自我评价的一种体现。

（二）帮助运动员树立切合实际的目标

目标作为诱因，在动机系统中具有一定的稳定性与持久性。同时，动机的方向与强度依赖目标的设置。此外，运动员能量的集中、运动员活动的引导与组织都离不开目标设置的准确与高效。因此，教练应该根据实际情况为球员设置科学合理的训练目标，让他们的训练具有明确的目的和任务。目标的树立既包括长期目标的设立，也包括近期目标的设立。

长期目标具有一定深度的诱因，它要求运动员对未来有更长远的考虑。设定一个远期目标，可以让运动员在比赛中不断地为之奋斗。通过制定短期目标，促进运动员扎扎实实地提升技战术水平，达到长远发展的目标。教练一定要根据运动员的现有水平来制定目标，并确保运动员接受和认同目标。

心理学家班杜拉提出，一个人的自信心是由以往的成功经历、对他人成功的了解、自我说服和对自己目前身体状况的诠释所决定的。而成功经历才是最关键的。成功就是目标的实现，运动员所达到的目标越多，所体验到的成功感就越强，自信心也就越强。[①]阿特金森研究表明，目标定的难度在成功确切率的50%以下时，训练成绩最好。[②]

可见，目标定得过低，参与者的活动动机就会降低。反之，如果目

---

① 赵洪朋、陆颖之、周成林：《运动员心理训练自助手册》，东北大学出版社2021年版，第38页。

② 徐伟宏：《篮球队伍管理与心理训练》，知识产权出版社2013年版，第203页。

标太高，即使付出再大的努力，也很难达到。同时，目标没有诱因，也就不会有动机。所以，把一个长期目标转变成一个具体的中期或短期目标，是篮球运动员所要做的重要的事情。有了明确的目标，才能更好地为之奋斗，才能有更强的动机去从事篮球运动。

（三）向运动员提供积极的反馈

向运动员积极反馈信息有利于他们进一步认识自身的技术水平、身体素质以及可进步的空间，以便更好地将他们参与比赛与训练的动机激发出来。因为在反馈中运动员对自身的进步有了认识，就会提高对篮球训练和竞赛的积极性，而如果看到自己在篮球方面的缺陷，那么便会激发运动员不甘心、不服输的斗志。

运动员运动动机的强化得益于教练的对其运动结果的积极反馈。正向反馈能够使运动员清楚地了解到自己的训练成果和进步，从而增强自信心，开始积极参与训练，找准方向继续努力。同时，通过及时的反馈，可以让运动员认识到自身的不足，并克服自身的不足，以取得更好的成绩。

在篮球教学过程中，教师可以通过各种方式对学生进行评价反馈，如社会评价、客观评价、标准评价等。在此过程中，教练需要根据运动员的表现对其进行表扬和批评，但无论是赞扬还是批评，都是为了提高运动员的成绩，激励他们努力学习。

对不同年龄、不同性别、不同水平的运动员，要有针对性地给予表扬与批评。对于表现好的运动员，除给予表扬，还要指出其不足；而对于水平低的运动员要多一些鼓励与肯定；做到对事不对人，特别是要把表扬和批评的焦点集中在运动员的努力程度，以及他们的表现上；要多关注运动员对于表扬和批评的态度；多考虑运动员的自尊心，对其进行公开表扬、私下批评，同时要慎重使用惩罚措施，如果能够让运动员自己找出成败的缘由和过程，并启动其内在的调节机制，就可以将外在控制向着自己的任务导向的内在控制转变。

反馈评价应基于运动员的实际水平进行，提倡鼓励性评价，尤其是对于一些运动能力较弱的运动员，在对其进行反馈评价时，教练要多关注其潜能，对其进步表现给予一定的表扬，即便是批评，也应该以诚恳的、带有建议性的话语让运动员认识到自己需要改进的地方有哪些、该朝着哪个方向努力，以此来调动运动员的学习热情。

（四）给予自主权和培养责任心

掌握自主权有助于运动员增强动机、获得成就感和自我价值。就篮球运动而言，教练所制订的训练计划以及所安排的一系列比赛都是基于运动员的发展而进行的，但只有运动员才最清楚自己的水平与特点。因此，运动员应学会做科学的训练计划，并全力以赴完成自己所制订的计划。

因此，教练应当在有组织范围内适当放权给球员，增强他们的责任感与自觉意识，提高他们的决策能力。通过这种方式，既可以促进和激励运动员内在动机，又可以对今后的人生、工作产生积极的影响。但是，在分权过程中，应该考虑下列事项：

（1）教练在放权后要对运动员有耐心，不能急于求成。如果运动员对篮球比赛的结果缺乏明确的判断，应该及时向教练提出建议，使球队能更快地进入最佳竞技状态。在这种情况下，篮球教练应和运动员共同探讨该如何做出正确决策，以及在执行决策时有哪些需要注意的事项。在此过程中，教练要向运动员强调在决策中犯错没有关系，重要的是能够意识到自己的问题与不足，并吸取教训，当运动员清楚自己的责任，自然就会少犯错误。过度的指导不利于运动动机的稳定与持久，会阻碍运动员决策的自主权，而且一次性改正许多错误对于运动员来说是很困难的。

（2）篮球教练应该具有移情心理。所谓移情，就是教练要站在运动员的角度思考问题，以此来更好地理解在特定的情境中运动员的情感和态度。移情可以让教练和运动员之间形成一种互相信任和尊重的关系，让篮球教练对运动员在训练、竞赛中可能遇到的困难与挫折有深刻的认识。

（五）提高运动员的自我效能感

自我效能感指个体对自己能否在一定水平上完成某一活动所具有的能力判断、信念或主体自我把握与感受，或对自己在工作中所具有的潜力的一种认知。自我效能是促进篮球运动员运动动机的重要因素，自我效能高的运动员,参与篮球训练的动机也较高,反之则低。

篮球运动员的自我效能与其失败经历有关。对于在比赛中遇到的种种挫折与失败,运动员要以一种积极的心态去对待,把这种消极的情绪降到最低,增强其自我效能感。但同时运动员也要注重对自我效能进行恰当的衡量。通过增强自信心来培养良好的心理素质,提高意志品质和意志力。对自我评价过高或过于自信的运动员,可以通过增加技术难度来引导其进行重新认识自己的真实水平,深刻地反省自身的行为,进而促进其心理健康发展。在运动员心理素质以及运动成绩较差、表达意愿不强的情况下,教练应采取适当的激励措施,以激发运动员的学习热情。

第二节 篮球运动员的注意力训练

一、注意的定义及功能

(一)注意的定义

所谓注意,是指心理活动或意识活动对一定对象的指向和集中。注意的对象可以是客观存在的具体事物,也可以是自己的行动或思想。当一个人学习运动技能或参加比赛时,其心理活动或意识总是指向和集中于一个对象。例如,在运动员学习新的技能时,眼睛总是一直盯着教练的示范动作,这时,该运动员的心理活动集中在教练所讲的内容上,在此期间他无暇顾及其他事情。注意力的客体是不断变化的。例如,当周围传来了嘈杂的声响时,运动员的注意力可能从教练身上转移到这个出现的新异刺激上。不过大多数情况下,人们可以有意识地控制这种注意的变化。

指向性和集中性是注意的两个基本特点,它们相互联系不可分割,是同一注意的两个方面。注意的指向性显示出人们的认识活动具有选择性。人们对认识活动的客体进行选择,如运动员在听教练讲解动作要点时,他的心理活动不是指向训练场里的一切事物,而是把教练的讲解从许多事物中挑选出来,并把心理活动集中在教练的讲解上。注意的集中性不仅是指把注意集中在教练的讲解上,也是对与听课活动无关的甚至有碍的活动的抑制,这样才能使教练的讲解更加鲜明和清晰。

(二)注意的功能

在竞技运动中,不管是什么项目,注意力品质都是一种非常重要的心理品质,它直接关系运动员的技术水平和比赛的结果。这与注意的功能是分不开的。注意作为一种复杂的心理活动,一般来说具有选择功能、维持功能、调节和监督功能。

1. 选择功能

注意的选择功能是在任何时刻人的大脑意识都会优先选择要加工的对象,从而忽视其他不重要的信息。人在任何特定的时刻都可以得到围绕着自己的无数刺激。这些刺激有的对人很重要;有的对人不那么重要;还有的毫无意义,甚至会干扰当前正在进行的活动。运动员必须对不同的感受器产生不同的刺激多加关注,这样就可以选出那些符合其需求的刺激。例如,在运动技能学习的初期,运动员的注意力范围非常狭窄,他们只能注意局部动作的基本要领,而往往忽略了动作与动作之间的连接。再如,参加篮球比赛的运动员为了在比赛中获胜,必须对相关信息进行优先选择,对无关信息加以排除。这些都是注意的选择特性。活动任务的特点、难度和意义决定着注意选择的标准。

2. 维持功能

注意既要将心理活动聚焦在特定对象上,还要将心理过程集中在该对象身上。在注意状态下,个体的唤醒水平达到并保持一定程度,将有助于提高其活动效能。例如,当运动员听教练讲解动作时,他的注意力集中在听教练说话的声音,这时他的血液循环系统和呼吸系统等系统都可能发生变化(如肢体血管收缩、头部血管舒张、心率变缓、吸气变短而呼气相对变长等)。身体的这些变化有助于提高个体感官的感受性,并能够动员全身的能量来应对个体面临的任务。对于从外部世界接收到的感知信息,以及在记忆中提取的信息,运动员多加注意,这样才能将其保留在意识中,转换成更长久的形式储存在记忆中。

3. 调节和监督功能

人在注意状态下往往会自觉对比自己的行为与某一特定的目标,并根据反馈的信息对自身的行为进行适当的调节与监督,让自己的行为逐渐向着目标靠近。当活动偏离了既定的方向或目标时，人们马上就能察觉并做出相应的调整。这就是注意的调节和监督功能，是注意最重要的功能。由此可见，注意对篮球训练或比赛具有十分重要的意义。它可以让运动员及时地调整自己的心理活动，使心理活动指向并集中于对训练或比赛有益的刺激，从而使运动员更好地适应环境，提高训练或比赛的成绩。

二、造成运动员注意力分散的主要原因

在篮球训练过程中，造成运动员注意力分散的原因是多种多样的，既有客观的原因，也有主观的原因。其中，客观原因主要为无关刺激的干扰、学习内容枯燥、训练方法单一、教练对运动员注意力的调控能力差；主观原因主要为意志消沉、情绪的急剧波动、逆反心理或冷淡态度、寻求注意和承认。

三、注意规律在篮球运动员训练中的应用

在篮球训练中，运动员经常会出现不能集中注意力而导致注意力分散的情况。那么，运动员注意力不集中的原因是什么呢？在训练时教练又该如何发展运动员的注意能力呢？

（一）运用注意规律组织篮球训练

在篮球训练过程中，气候和环境复杂多变。许多外在和内在的无关刺激干扰着运动员的正常训练，很容易导致运动员注意力的分散。运动员只有注意力集中，才能全神贯注于教练的讲解和示范，领悟才能迅速，印象才会深刻。如果教练在教学过程中能有效地运用注意规律来组织训练，训练活动就能更好地进行下去，训练效果也会得到进一步的改善。

1. 运用无意注意规律训练

（1）有效预防刺激因素的干扰。篮球教练在组织训练时，在训练环境方面应尽量避免各种与训练无关的刺激影响，保持一个安静的训练环境。外界的刺激物随时可能出现，刺激物之间的任何显著差异都容易引起运动员的注意。在课前，教练应精心布置场地与器材；在讲解动作时，

语言要生动形象、富有激情；运动员一旦出现注意力分散的现象，及时对其进行提醒，引导运动员集中注意力。

（2）制定符合运动员实际的训练内容。篮球教练在制定训练内容时，应充分考虑运动员已有的知识经验。凡能满足运动员的需要、激发运动员的情感、符合运动员年龄特征和个性倾向的事物，都能吸引运动员的无意注意。教材内容的安排要循序渐进、力求新颖，并具有一定的思想性、科学性和娱乐性。必要时可以通过一些篮球游戏的形式来激发运动员的兴趣，引起其注意。

（3）合理安排运动负荷，防止过度疲劳。在篮球训练中，身体练习对运动员的生理和心理产生的刺激或压力的总和就是运动负荷。教练应根据运动员的年龄和心理活动变化规律把握每节课的运动负荷。运动负荷过小，就不会起到良好的训练效果。若片面追求大强度、大负荷的训练方式，不仅容易导致运动损伤，更容易使运动员由于运动负荷过大而产生疲劳感，从而产生厌倦心理，使注意分散，影响训练效果。

2. 运用有意注意规律训练

（1）使运动员明确训练的目的和任务。有意注意是一种自觉控制的注意，它服从于一定的目的和任务。篮球运动员对训练的目的和任务越明确、越深刻，有意注意的能力就越强。在训练过程中，教练应提出具体的目的、要求、内容及具体方法，让运动员切实地感受到集中注意对完成训练的重要性，并懂得如何正确集中自己的注意，以此来提高篮球训练的效果。

（2）培养运动员的间接兴趣。注意与兴趣密切相关。间接兴趣是指对活动结果和意义的兴趣，它可以引起和维持运动员的有意注意。例如，篮球运动员在进行身体素质练习时，素质练习本身是枯燥和艰辛的，难以引起运动员的直接兴趣。但运动员对素质练习的结果却是感兴趣的，因为运动员的身体素质会得到提高。这就促使运动员始终保持着有意注意的较高水平，训练中就会更加积极和主动。因此，教练应注重培养运动员的间接兴趣，以便引起和维持运动员的有意注意。

（3）加强组织纪律和课堂常规教育。在篮球训练过程中，运动员自觉遵守组织纪律是集中注意的重要条件。运动员的纪律性越强，有意注意持续的时间也就越长。运动员的组织纪律性是在长期的学习与训练中培养起来的。篮球教练在平时的教学训练中，应重视对运动员进行组织纪律性的教育。使运动员在训练中严格按照要求去做，养成良好的训练习惯。

（4）培养运动员良好的意志品质。在篮球训练中，运动员的有意注意会由于无关刺激的干扰或者注意对象的枯燥而产生分散。此时运动员就必须以坚强的意志努力去排除内外的干扰，将注意力集中在与篮球训练有关的因素上。因此，在平时的篮球教学训练过程中，教练要注重对运动员进行意志品质的教育，使运动员以坚强的意志与困难和干扰做斗争，以保持训练时的有意注意。

3. 运用无意注意与有意注意转换的规律训练

运动员在篮球训练中，既需要无意注意的参与，也需要有意注意的参与，二者不断地交替参与是注意的正常状态。如果只依靠无意注意，会使训练活动缺乏目的性和计划性；若过分依靠有意注意，则容易造成运动员疲劳和注意的分散。这就要求教练要善于利用无意注意与有意注意的转换规律组织教学训练。

在教学训练过程中，教练要使运动员对学习目的有明确的认识，逐渐引导他们对学习内容本身发生浓厚的兴趣，并在必要时引导他们强化注意。在教学训练组织上，要力求生动、紧凑、合理而有节奏，教学方法要灵活多样，使每位运动员都能投入到紧张而有序的练习中，减少分散注意的机会。根据注意的变化规律，篮球训练时注意曲线有逐步上升、相对稳定和逐步下降三个阶段。因此，在训练课开始时，教练应通过集中注意练习，引起运动员的有意注意；然后让运动员对准备活动的内容产生兴趣，产生无意注意；当运动员在训练中遇到困难而丧失信心时，要通过鼓励的方式使运动员由无意注意转入有意注意；在篮球训练的结束部分，教练要适当调整运动员的运动负荷，使用一些放松的手段使运动员由有意注意转入无意注意，以使运动员调节机体、消除疲劳。

总之，在篮球教学训练过程中，教练要善于利用无意注意规律、有意注意规律、有意注意和无意注意相互转换的规律来集中和保持运动员的注意力。这不仅对指导运动员的学习与训练起到非常重要的作用，而且还能提高篮球训练的效果，完成篮球教学训练任务。

在篮球训练中，注意伴随着一切心理活动的始终，是组织和发展运动员智力水平的重要因素。注意的不同类型以及注意的不同品质，在篮球训练与比赛中会发挥不同的作用。通过分析造成运动员注意力分散的原因，利用注意的规律来进行篮球训练，必将促进篮球运动员训练水平的提高。

（二）进行专门的集中注意力的心理技能训练

注意在篮球运动员学习和掌握运动技能的过程中起着十分重要的作用。根据运动员的个体差异对他们进行专门的集中注意力的心理技能训练，可以有效地提高运动员的注意能力，从而达到完善运动技能、提高运动成绩的目的。

1. 排除内外消极干扰的训练

一些球员在比赛中很容易被外界的事情或者内心的负面思想所影响，进而影响比赛的表现。此时，运动员需要将这些消极干扰的事情以自我暗示的方式搁置一边，将注意力都放在比赛上，等到比赛结束之后再对其进行处理。或者运动员用笔将一些消极干扰的事情记录下来，将记录放在一边，等到比赛或者训练之后，再拿起记录对上面的事情逐一处理，等熟练这种方式之后，便可在实战中派上用场。

2. 想象将"失败"转变为"成功"的训练

一些篮球运动员过于在意比赛的结果，导致其发生失误后开始紧张，不能集中注意力。对于这种现象，最为有效的方法是通过认知转变法使运动员端正对比赛结果的认识，并形成正确的观点。具体来讲就是运动员在发生失误后，要立即在脑海中勾勒出相同的成功动作，将注意力从失误中移开，以便在接下来的比赛中发挥出更好的水平。所以，教练在组织运动员训练时要避免他们在失误时多次重复回忆失误的情景，而是引导他们在脑海中演练成功的动作，从而提高训练效果。

3. 自我谈话

自我谈话能够使运动员集中注意力，树立一种积极向上的良好心态。在比赛不顺或难度较大时，人们往往会产生某些自我贬低的念头。在这种情况下，要立即停止一些负面思想，否则注意力会陷入无尽的内心纠结当中，不利于自身水平的正常发挥。对此，运动员可以多想一些积极的话语，通过正向的自我谈话来不断鼓励自己，激发自己的斗志，使自己全身心地投入比赛。

积极的自我谈话需要注意3个方面：①用积极自我谈话取代脑海里

出现的消极谈话；②在小范围内从外部把注意集中在和任务有关的线索上；③一旦有了注意控制的感觉，就立即完成运动技术。

4. 模拟比赛情境并设置比赛行动方案

模拟比赛情境的创设也能帮助运动员集中注意力，它主要是通过图像或者言语模拟来让运动员尽快适应新环境，起到降低分心因素干扰的作用。在比赛时，来自观众、裁判员、工作人员、对手等外界分心物，以及运动员的自我担忧、不安等内部分心物，一起影响着他们的运动表现。在训练中模拟比赛中的各种情景可以让运动员在身体和心理上形成习惯。研究表明，一些运动员之所以能够取得成功是因为他们非常重视日常训练中的模拟训练。[①]设置比赛行动方案是帮助运动员做好比赛准备、将注意力放在比赛全程的每一个环节的方法，其重点是要求运动员聚焦当下，并强调过程目标。研究发现，设置比赛行为方案对提高运动员的注意集中技能很重要。在设置比赛行动方案时要充分利用过去常用的例行动作。例行动作可以增加运动员在表现前或表现中不被内在或外在分心物影响的可能性。

第三节　篮球运动员投篮的心理训练

一、投篮的表象训练

（一）表象训练在投篮中的动作运用分析

1. 通过建立和回忆动作表象活动促进技能的形成

标准的投篮动作技术非常抽象，它需要精准把握好瞄准点、手指、手腕和身体用力程度和配合度，以及出手角度和速度、球的旋转、飞行的抛物线、入篮角度等内容。对于初学者来说，在短期内提高投篮的命中率是非常困难的。如果只是按照传统的教学方式来进行，虽然可以让肌肉运动得到锻炼，但抑制了大脑活动。即便是反复去做同一个动作，其肌肉感觉也不明显，且没有把握住动作要领，导致动作表象活动不完

---

① 徐伟宏:《篮球队伍管理与心理训练》，知识产权出版社2013年版，第224页。

整，这就给投篮训练带来了很大的困难。但是，表象训练能够让运动员在训练过程中自觉建立以及回想动作表象活动，提高运动技能。此外，教练可通过示范使运动员的头脑中形成较为完整的动作表象，但不能过于关注动作细节，且示范的速度要合理，以便运动员将注意力集中在动作要点上。这种教学使初学者不再处于被动学习的状态，激发了他们的学习热情与兴趣，拓宽了他们的思维，同时使他们能够更好地巩固与完善自己的动作，并加强各个肌肉群的协调配合，从而提高他们的投篮命中率。

2. 使正确的技术动作得到强化

投篮技术的六个要素包括姿势、腕部控制、肘部位置、投篮角度、力量、步伐，但任何一个动作都有特定的规范和正确姿势。对于初学者来说，只有在大脑皮质中构建清晰明确的动作表象，才能够快速学会篮球动作技术。之后再将脑海中的动作表象信息以神经冲动的形式传送到效应器，促使正确投篮动作的形成。要掌握正确的投篮姿势，就必须运用表象训练的方法在脑海中进行多次练习。在教学过程中，教师要通过多种方式对运动员的视觉进行刺激，以提高他们的反应速度。在做错动作的时候，可以结合初学者的练习情况，运用整体示范和分解示范相结合的教学方式，或者讲练结合等各种表现训练方式，让初学者体会到肌肉的发力感受，对参与投篮和控制肌肉之间的收缩运动进行有效的调节，从而建立起良好的视动觉运动觉性能，增强动作技术的准确性。

3. 使运动员有更多的练习机会

表象训练的实施为运动员提供了许多练习的机会，这种训练方法能够使他们沉下心去回忆投篮动作，并不断练习其中的某一技术动作，让纠正错误有了较高的随意性及可操作性。以压腕拨球为例，压腕拨球是篮球技术动作中十分重要的一个动作，它能够有效提高投篮的命中率。在经过压腕拨球表象训练之后，运动员手指手腕的小肌肉群能得以快速发展，且能够增强手指手腕的协调度与可控性，这在一定程度上也使得与其相关的大肌肉群得到协调发展。控制好压腕拨指的力度，调整篮球的飞行高度，增强手指、手腕肌肉的本体感觉，同时扩大投篮时的出手角度和弧度，让球在半空中呈现向后旋转的轨迹，这样投篮命中率会更高。

4.有利于形成正确的投篮动力定型

教练在训练过程中观察到初学者做出较为理想的投篮动作后,应让该运动员做总结,让其记忆动作的要领以及完成该动作时的感受,这样就能让运动员对整个动作在脑海中形成一个比较清楚的印象,这对于形成正确的投篮动力定型是非常有帮助的。

(二)表象训练在投篮训练中的应用

1.建立正确的投篮动作表象

教练会讲解示范标准的投篮动作,同时还会借助多媒体向运动员展示相关的图片以及视频等,引导运动员在心中形成投篮技术动作表象,通过对这种技术动作的仿真和演练,让运动员用自己的语言来表述自己了解的投篮动作。

2.建立"表象—动作"的映射关系

运动员需要在训练的过程中在大脑自觉地重现准确的投篮动作形象,并积极地将其与自己的这个技术动作进行关联与对比,发现自身差异与缺陷,从而逐渐接近"表象",从而达到准确的动作定型效果。

3.建立"表象—动作—思维"的训练程序

投篮技术也会受心理因素的影响,所以在进行表象训练的时候,运动员基于实战的角度,构建出一套适合自身身体特征的"表象—动作—思维"训练程序。该程序的重点在于,对动作过程的记忆要像过电影一样连贯、完整,且确保动作记忆准确;关注在投篮过程中所产生的内在图像和相应的生理反应;协调好心理活动和投篮技动作之间的联系,最大限度地调动心理、技术能量,从而提高投篮的命中率。

二、罚篮的心理训练

罚球是指在无人防守的条件下,将球投进篮筐,其命中率比一般的跳投要高。但因为每次比赛的对手和在场观众不同,所以运动员往往承受着巨大的压力,从而产生各种各样的心理反应,尤其到了通过罚球决定胜负且双方队员实力不相上下的时候,运动员所承受的压力更大,如果不能很好地调整自己的心理状态,那么投中的概率就会降低。

（一）罚篮的心理问题

在竞赛过程中，运动员的运动状态和成绩，与运动员的身体素质、技术水平及心理状态密切相关。在这些因素中，身体素质是物理基础，技术水平是基础条件，而人的心理状态是促使以上两个因素充分发挥其功能的动力。已有研究表明，对于低水平运动员来说，其罚球命中率的30%源于心理因素；对于高水平运动员来说，其罚球命中率的70%源于心理因素。可见，运动员的心理状态决定了罚球效果。接下来主要介绍罚球心理问题出现的原因：

1. 调节与控制焦虑紧张情绪的能力弱

一些运动员面对竞争十分激烈的场景往往无法适应，从而产生紧张焦虑的情绪，这种情绪的产生还有一部分原因是队员过于在意比赛成绩。在比赛过程中产生的情绪，与比赛的性质、规模和对手的实力有很大的关系。在罚球时运动员若出现紧张焦虑情绪，还会出现呼吸急促、手抖脚抖等现象，可能导致罚球失误。

2. 注意力不集中、产生不适宜的兴奋

在罚球的过程中，罚球者是整个球场的焦点，这时罚球者可能会受到各种因素的干扰，如场外观众的呐喊、场上对手的挑衅等。这在一定程度上会分散运动员的注意力，降低罚球的命中率。不管是兴奋过度还是兴奋不足都会影响罚球成绩，兴奋过度容易急躁忘我，难以平复自己的心情，急于表现而匆忙出手；兴奋不足表示对罚球不上心，身体软弱无力，这些都会对罚球产生一定的负面影响。

3. 内在心理因素

（1）缺乏自信

树立自信心能促使运动员展现最佳的运动水平。在罚球过程中，运动员若是没有做好充分的心理准备，自信心不足，那么就会导致心理活动紊乱，尤其是罚球决定胜负的时候，更加剧了运动员内心的恐惧心理，肌肉处于紧绷状态，且不能协调自己的技术动作，降低了罚球的命中率。

（2）焦虑情绪

一些运动员由于心理素质较差而经常出现紧张焦虑的情绪，这与赛场气氛、比赛规模及对手实力密切相关。一般在涉及个人及集体荣誉的时候，一些运动员会十分焦虑，导致自己的动作失误。一般情况下，受过良好训练的运动员，在比赛中往往会出现一种积极的情绪。积极的情感体验可以增强选手战胜困难的自信心与意志力；但由于一些运动员比赛经验不足，无法对外界的变化做出准确的反应与预测，导致在心理上过度紧张，使自身技术动作不协调。在罚球时，由于呼吸不匀、双手颤抖、身体感受功能紊乱等原因，最终罚球失误。

（3）体能消耗

在高强度的篮球对抗中，由于体能的损耗及大量出汗，导致身体疲劳及体能下降。从而造成了罚球动作节奏的不协调，降低了罚球的成功率。尤其是到了第四节比赛时，所有人的体力都会受到影响，这个时候就看球队日常体能训练的效果了，一般在日常训练高效的队伍往往获胜的概率更大。

4. 外在因素

（1）外界干扰

这里提到的外部环境指的是球场之外可能影响球员表现的所有因素。因为赛场上经常会发生一些不利于比赛或运动员正常训练的事情。例如，在罚球过程中，观众的高声呐喊和令人目不暇接的气球棒等会给球员带来一些刺激性的声音和画面，这些都会干扰球员的注意力，不利于球员水平的正常发挥。同时，裁判的误判、漏判等也会影响球员的情绪状态。除此之外，还有很多其他的因素，如天气变化、场地条件等，也会对比赛造成一定的影响。球员在罚球时的表现会受到这些因素的间接作用。

（2）队友和教练的期望

在罚球的时候，罚球者会感受到来自队友和教练的压力，这些压力会一直伴随着他，进而影响其在罚球的时候的情绪。在赛前，教练会给予他们较高的期望，这样就会给罚球者带来很大的心理压力，因为部分球员在比赛过程中非常注重教练对他们的评价，教练的言辞、态度等都可能对运动员的情绪产生影响。此外，如果运动员在日常的训练中表现得不好，其在比赛场上也会产生紧张情绪，影响罚球结果。

（二）罚篮的心理训练方法

1. 模拟训练法

模拟训练法是一种通过模拟或有意识地设定在正规比赛环境中可能

出现的各种情境和条件进行训练的技术手段。这种训练方法能让运动员在紧张激烈的对抗中习得技术和战术技能。在运动员训练的过程中,队友可以站在旁边制造骚动、大声呼喊或执行某些动作来模仿真实的比赛环境;或者在比赛结束前,当两队比分相近时,可以有针对性地进行罚球练习,以此来增强运动员在正式比赛中罚球的抗干扰能力。这种训练方法能使运动员集中注意力,并产生良好的情绪反应,从而提高命中率。此外,在经历了较为激烈的活动或完成了高强度的训练之后,可以通过罚球来增强队员在面对疲劳时执行罚球的技巧。比如,在连续进行两轮全场折返跑之后,立即开始罚球的练习。

2. 注意力训练法

注意力是指人的心理活动指向和集中于某种事物的能力。想要消除外界干扰,专注于运动罚球,就要集中注意力。集中注意力的训练方式:首先,培养运动员良好的参赛动机。教练要引导运动员对待比赛始终保持平常心的心态,不要过于在意比赛的结果,同时要暂时回避生活和训练中的烦琐之事,集中注意力,全身心地投入比赛。其次,看表训练。集中注意力观察手表的秒针移动,先进行1分钟的练习,然后逐步延长至2分钟或3分钟。如果能坚持到5分钟及以上便是相当不错的表现,将会显著提高运动员集中注意力的能力。最后,视物训练。运动员将注意力聚焦在一个特定的目标上,然后闭上眼睛,多次回想这个目标的具体形象,直到该目标在运动员的头脑中清晰地呈现出来。

3. 自信心训练法

自信心是一种反映个体对自己有能力顺利完成某项任务的信任程度的心理特性。自信心强的运动员能够克服一切困难,取得优异的成绩。若运动员缺乏自信,他们在罚球时感到心理上的恐慌,承受过大的心理压力,无法有效地管理自己的心理状态和运动感觉。在罚球时,他们会表现得非常谨慎,害怕出现任何失误,导致动作变得迟缓、僵硬,从而无法达到预期的表现。因此,必须加强对运动员的自信心训练。

首先是自我暗示。在篮球比赛中,教练经常采用这种方法来培养和提高队员的心理素质。尤其是在赛前和赛后的一段时间里都要注意强化自我暗示训练的效果。这种方法可以帮助运动员建立一个积极的竞技心态,有助于增强自信心,减轻紧张情绪。在罚球后,要及时调整心态,保持最佳竞技状态。在比赛过程中，运动员应当在执行罚球前进行心理调适，以使情绪得到稳定。

其次是在施加压力的情况下进行罚球练习。运动员划分为多个小组，每个小组派出一个代表进行两次罚球，如果全部命中，则不会受到任何处罚；如果有一次未中，那么整个团队将被罚跑 28 米来回一次；如果两次尝试均未成功，那么整个团队将被罚跑两次。比赛结束后，重新选择代表并继续练习。

4. 呼吸调整法

大多数高水平运动员，都不会在接到裁判的传球之后，就立刻进行罚球，而先是轻拍几下，同时调整好自己的呼吸再进行罚球。这样做是为了稳定自己的情绪，避免情绪的起伏过大而影响自己的正常发挥。

在罚球过程中，调整呼吸的主要步骤：放松身心，维持肌肉柔和；调节自己的烦躁心情，保持心态的平稳；在接球之后，要做一次慢而稳定的深呼吸，以维持正常的心理状态；在投球前做一到两个深呼吸，然后把球流畅地投进篮筐。

5. 意念训练法

意念训练法是指运动员在比赛中自觉运用在大脑中已经形成的运动表象或者积极展开想象进行训练的一种手段。它是运用想象来提高运动技能和技巧，从而获得良好成绩的有效训练方法之一。人类的想象力有能力让特定的图形在大脑中快速掠过，进而转化为特定的记忆，是一种回溯性的复习方式。因此，运动员可在休息间隙多回忆自己的罚球技术动作，并反思自己的动作哪里出现错误或不标准的地方，及时加以改正。这种训练可以帮助运动员提高并优化运动员的罚球技术，并使运动员情绪稳定，让其注意力更加集中。在正规比赛阶段，在进行罚球前，运动员早已通过多次的回忆联想在大脑中刻下投篮动作的"痕迹"。然后在罚球时，启动"痕迹"，使罚球更准确。

在进行意念训练的时候，有一些最基本的要求：其一，在进行冥想时要始终保持注意力集中，可以选择一个较为安静的地方，让球员闭眼训练。其二，教练系统地训练运动员的思维能力，保证每个动作的动作都能与发力的感觉、动作的次序联系起来。

6. 比赛模拟训练

比赛模拟训练是一种心理训练方式，其目的是通过接近实战环境来提高运动员在比赛中的应激反应能力。它是通过模拟真实赛场情况，将平时训练与战时演练相结合的一种训练方法。这一策略有助于提高运动员作战技巧。这样做的主要目标是让运动员在实际比赛中更好地适应环境，增强对外界不良因素的抵抗力。模拟比赛可以有效提高运动员的心理素质和战术水平。鉴于运动员不可能每天都参与正规的比赛，而关键的比赛则相对较少，教练在培训过程中可以考虑模拟训练，这样可以有计划地组织比赛，进而让运动员更深入地感受到比赛的紧张氛围。

例如，将运动员分为两个不同的队伍，而这次的比赛将决定两队的出线权。值得注意的是，比赛时间仅为 3 分钟，两队的全队累计犯规次数已经高达 5 次，具体的比分是 54∶55。此时，运动员已经处于极度紧张的状态之中。在这样一个特殊的赛场上，每个人都会遇到各种各样的情况，所以罚球的概率也会随之增大，这对于每个人来说都是一个巨大的挑战。如果运动员的心理无法经受住这样的压力，很有可能丧失信心、失去斗志，最终输掉比赛。在这种情境训练中，教练有策略地为运动员设置了特定的比赛环境，让他们能够在比赛中感觉到压力，并能够很好地进行自我控制。通过这种训练方式，可以培养队员良好的情绪控制能力、意志品质及顽强的意志力。这种做法有助于提高球员的心理韧性以及他们缓解压力的能力。

第四节 篮球运动员防守的心理训练

一、篮球防守的心理训练方法

许多教练都觉得防守心理训练是一项烦琐的工作，不懂得如何开展心理训练。其实，心理训练是贯穿训练各个环节的，离开体能、技术、战术等方面的训练，是达不到预期效果的。以下从体能、技术、战术三个方面来论述防守中的心理训练。

（一）结合体能的防守心理训练

随着篮球运动水平的提高，防守对抗变得更加激烈，对运动员的身体素质提出了更高的要求。但是，在体育训练中，体能训练是指通过有计划地增加训练强度和难度，使运动员的身体素质得到全面发展，这与意志品质的培养有异曲同工之处。也就是说，当训练量到达一个临界点后，便是意志品质的训练过程了。加大难度、克服困难是对运动员体能方面的训练，也是所有训练内容中最重要的一项。在体育教学中，要有明确的、个性化的目标，这是身体训练达到较好效果的保障。同时，这也是为运动员设定学习目标的一个过程。如果运动员能体验到克服困难的愉悦感，那么其自信心就会增强，情感也会更加充实。

现代篮球运动攻防转换迅速、对抗性更强，对运动员身体素质的要求也日益提高，因而国内外对其给予了广泛的关注。体能训练就是通过有计划地加大负荷或加大难度来增强运动员的身体素质，而锻炼意志品质的方法也与此类似。通过增加困难、战胜困难、克服困难的一系列过程，来提高运动员的意志素质。

在平时的训练中，应有意识地增加训练的难度，包括人为设置的障碍、环境条件、疲劳状态等，同时还需要运动员在有限的条件下，通过自己的努力成功地完成任务。在比赛中，运动员最大的成就感就是克服困难，从而使自己的情绪变得更加饱满，自信心也会变得更强。

（二）结合技术的防守心理训练

篮球防守对技术的要求向来很高，因此技术训练是必不可少的训练项目。对技术和心理训练的深入理解是进行技术心理训练的关键。在教学与比赛中怎样培养学生良好的心理素质？这需要教练和运动员深入了解技术对心理素质的具体要求，以及心理素质如何在技术应用中起到关键作用。

篮球这项运动只有通过持续不断、长期的训练，才能培养运动员高度发展的专项知觉，而想要确保技术持续稳定提升，就需要进行有针对性的训练，如目标设置训练。在篮球运动中，教练必须根据队员不同阶段所具有的特点来制定相应的训练目标。而技术训练实际上是一个对长期目标细化的过程，即把长期目标细化为符合实际的、短暂的、明确的目标，并通过持续的努力来达到这一最终目标。这种手段可以让运动员在完成特定动作时更加清晰地感知自身身体各部位肌肉活动情况，并能够快速调整自己的行为以达到预期效果。除此之外，技术训练也是提高运动员表象与思维能力的有效途径。在运动心理学领域，成熟的心理训练方法主要包括目标设定训练和表象训练等。然而，仅仅模仿和应用这些方法并不是关键，真正重要的是在充分理解专项技术发展规律的基础上，进行创新性的应用。在进行专项技术训练时，需要注意根据不同情况制订针对性较强的计划与方案，从而保证运动员能够有更好的成绩表现。更为关键的是，教练要最大限度地激发运动员的主观能动性，让他们自主掌握心理训练的技巧，这样在其日常训练活动中，心理训练就能更容易地被有效地应用于技术训练。

与技术训练相同，心理训练也要因人而异。这就需要运动员认清自身定位，根据对手的攻防特点、全队的总体战术需要以及场上的变化情况，有针对性地运用合适的技术。它突出了运动员思维的灵敏性、预测性及创造性。

（三）结合战术的防守心理训练

进行防守心理训练，主要是为了让运动员在掌握基本篮球防守战术的同时将身体运动和大脑思维集合在一起，从而提高战术思维与战术水平。在训练中，一方面，要注重集体思维的训练，最好与全队以及局部战术配合训练同步进行，目的是增强运动员对全队战术目标的认识，以更好地培养队员之间的同步思维能力。另一方面，要注重战术行为的共性，多开展实战案例的集体分析与探讨，在此基础上制定集体行动目标，加强队员之间的理解，这是集体思维能力培养的一个关键环节，能增强集体凝聚力。

（四）针对性的防守心理训练

有目的的防守心理训练包括如下四个方面的内容。

1. 渐进性放松法

渐进性放松法是一种依靠大脑对身体进行控制的方法，它是通过特定的方式，如暗示语、音乐等，对呼吸进行调节，使自己的肌肉放松，以此来调整中枢神经，缓解紧张的情绪。

此训练方法的过程是首先使肌肉放松，对每组肌肉拉伸5~7秒钟，之后再放松 20~30 秒，体会一下肌肉紧和松的矛盾：①坐着或者躺着，让自己处于一种极度舒适的状态，闭上眼睛后开始放松；②将注意力放在脚上，收紧腿部的肌肉，脚趾弯曲，同时抬高双脚，感受到这一块肌肉的张力感，再放松，感受肌肉松弛和紧绷的区别；③将腿和臀部的肌肉全部收紧然后放松，再慢慢地进行一次呼吸，感觉自己身体得到完全放松；④收腹、收胸，稍作停顿，再放松；⑤握紧拳头，收紧肱二头肌和前臂，缓缓抬起双臂，稍作停顿，再放松；⑥收紧身体的每一块肌肉，停顿一段时间，感受肌肉的张力，再放松，当肌肉彻底放松的时候，其呼吸就会变得均匀，这时休息一两分钟。

2. 呼吸放松法

①深呼吸法：缓慢持续吸气，停 1~2 秒再缓慢呼出；②腹式呼吸法：吸气时鼓胀腹部，默数 10 秒再吐气；③内视呼吸法：运用慢而长的呼吸（腹式）加想象成分，想象有一个小气泡经过气管—肺—腹—大腿，每次做 5~10 分钟。

3. 认知调节式训练

认知调节训练有两个方面的含义，一是心理暗示训练，二是合理情绪训练。此训练的目标在于培养学生对各种变化的判断能力，以及理解、解决问题的能力，能有效提升运动员的心理素质。

4. 系统脱敏训练

系统脱敏训练通常是运动员的心理出现一定问题后才使用的心理疗法，一般是治疗运动员的焦虑症和恐惧症。此训练方法可以在一定程度上缓解运动员在比赛过程中紧张焦虑的情绪。

二、心理训练在篮球防守中的运用

（一）赛前、赛中的防守心理训练

1. 赛前的防守心理训练

在比赛中，如果双方运动员在体能、技战术方面做好充分准备，且都"知己知彼"，那么双方的实力水平不会有太大的差别，而最能够决定比赛结果的很大程度上是运动员的心理状态。而对于比赛重要性的认识、对成功的渴望以及对失败的恐惧都是影响运动员心理状态的因素。这主要包含：①最佳竞技状态。最佳竞技状态的表现特征有注意力高度集中、斗志昂扬且全过程都保持适当的兴奋度，是一种比较理想的心理状态。②赛前焦虑状态。表现特征为在赛前茶不思饭不想，生理反应失调，浑身冒虚汗等。③赛前抑郁状态。表现特征为精神萎靡，对比赛态度较为冷漠，没有胜负欲，常常质疑自己的运动水平。

对这一状况，教练应注重对运动员的指导和教育，使运动员心态端正、调整到位。同时，教练还要开导运动员不管在哪一场比赛中，都要保持正确的心态，做好思想准备，展现出最佳的竞技状态，让运动员对比赛的任务与目标有清楚的认知，激发他们参与比赛的热情，引导他们敢于面对困难、克服困难，以此不断提升自己的技术水平，使他们能够以良好的心态来面对每一场比赛。此外，在比赛之前，要广泛搜集对手的资料，以及比赛的场地、时间等信息，准确地估计对手的实际水平，在此基础上制订合理的训练计划，做好充分准备。

2. 赛中的防守心理训练

在篮球比赛中，运动员要始终具备不断提升运动技巧的意愿，并能针对出现的各种问题找到有效的解决方案。因此，加强对运动员的专项心理战术训练已成为当务之急。篮球比赛中的各种活动都在不断地发生各种各样的变化，因此运动员需要敏锐地观察和判断各种情况，以果断地做出与对手对抗的决策。在这种情况下，理智与情感成为主导因素。对于篮球运动员而言，意志品质十分重要。意志不仅是他们意识中的一个正面元素，还与理性和情感紧密相连，它能有效地调控人们的行为和活动模式。意志品质是由许多因素组成的复杂系统，其中最基本的就是心理因素，只有具备良好的心理品质，才会具有顽强的意志。运动员所具备的关键意志品质，如坚定的目的性、主动性、坚韧性等，很难被直接评估，并且在不同的竞技项目中，它们的作用也是难以明确区分的。尤其是对于高水平的运动员，他们的智力发展标准非常严格，只有这样，他们才能真正认识到自己在比赛中的重要性和在社会上取得的成绩的价值，从而更加有效地完成训练任务。

比赛现场的情况是多种多样的，而球员的心理情况也会随着比赛的性质、任务及战况的演变而持续变化。因此，对运动员进行系统、全面的赛前心理训练尤为重要。一个职业篮球俱乐部的整体训练质量是决定比赛结果的关键指标，但运动员良好的心理状态则是确保场上技术和战术正常发挥的关键因素。在整个比赛过程中，运动员的心理状态总是随着时间的推移而发生变化。在篮球竞技中，实力的转变常常受到某些心理因素的影响，强队败给弱队往往是他们在心理准备上的不足导致的。特别是一些心理素质不佳或者对抗能力不强的运动员，在攻防转换的过程中会出现各种不正常的心理行为。为此，教练要在赛前、赛做好心理准备，对与比赛有关的各类状况，要进行深入的评价、仔细的观察、认真的思考。同时，还要引导运动员卸下心中的包袱，轻装上阵，采取一些措施以增强运动员的自信心，使他们在比赛中能够全力以赴。

在运动过程中，运动员往往受到各种外界因素的作用，从而引起其心理活动的反常变化。比如，在比分落后或者比分相近的时候进行罚球，场上氛围的变化、对手的表现以及现场观众的心情，都会影响运动员的心理活动，这个时候，教练就要让运动员学会调整自己的心理状态。比如，让容易紧张的选手或者刚加入队伍的新成员先看一场比赛，教练在旁边指点，对场上的局势进行分析，并在上场前给他们安排一些任务，让他们有足够的心理准备，若他们依旧没有发挥自己的实际水平，便让他们下场继续观察比赛，待他们真正了解比赛该怎么打的时候，再上场参加比赛。即便是身经百战的球员，面对现场球迷或现场氛围的变化，也会出现一些异常的心理。这时就要将他替换下来，使其平复心情，等到他心理适应之后再上场比赛。

当一个球员在场上表现出紧张、胆怯或者被对手的实力吓到的时候，可以尝试将注意力集中到上一次取得胜利的比赛上，想象一下自己是如何游刃有余地取得胜利的。对于那些性格急躁、求胜心切的运动员，要适时地要求他们在场上要敢于拼搏，要果敢、不怕强敌、敢打敢拼，同时多给他们一些鼓励。

（二）心理训练在篮球防守中运用需注意的问题

篮球竞赛的制胜规律，是一个日益深刻的问题。从最初的以体能训练为主，到后来的以技战术训练为主，人们已经逐渐意识到，在高水平的比赛中，运动员的体能、技战术的差距不是很明显，比赛的结果负很大程度上取决于运动员心理状态。

1. 在理论认识上重视防守心理训练的作用

人们在防守心理训练方面存在着一些认识上的误区，有的甚至产生了误解。虽然多数教练及运动员都认为心理因素是影响比赛成绩的主要内容，但目前对心理训练的理解还停留在感性层面。有些教练和运动员觉得人的心理素质是天生的，会随着时间的推移自然而然地提高。但他们却不知道，正是因为这样的错误认知，部分运动员才会在高强度的比赛中出现心理障碍和心理失常的情况。另外，也有部分教练觉得运动员没有心理上的问题，所以不必对他们进行心理训练。而当运动员发挥不佳时，就简单地归结为"心理素质差"。久而久之，一些原本没有心理问题的运动员也会出现一些心理障碍。为此，教练应从理论上加强对防守的心理训练，使其在体能、技术和战术上最大限度地发挥作用。

2. 在实际训练工作中加强防守的心理训练

有些教练采取了一定的措施，对运动员的防守心理进行训练，取得了一定的成效。但是，目前大部分教练仅凭经验进行心理训练，没有形成一个完整的、系统的心理训练体系。还有一些教练在进行了一些心理训练之后，由于没有看到明显的结果而放弃了，并对心理训练的功能产生了质疑。但一个人心理素质的形成是有一定的规律性的，一个好的心理素质的培养绝非一朝一夕之功，而是要经过长时间的、系统的心理训练。其实，还有一种理论上的误解，就是将心理训练与体能训练、技战术训练分开进行。有的教练在理论上没有充分的指导，只是单纯留出一些时间展开防守心理训练，但其训练效果并不理想。实际上，心理训练和体能训练、技战术训练是相互依赖、互相促进的，心理训练要与体能训练、技战术训练相结合才能使运动员的技术水平得到提高。

第五章　篮球训练的安全与营养保健

　　篮球训练是一项强调对抗的大球运动，在比赛中运动员之间的身体碰撞较多，因此也常出现运动性伤病的风险。另外，篮球训练对运动员的体能要求较高，需要运动员在篮球训练前后做好营养的补充、疲劳的恢复工作以及训练中的损伤与防治，如此才能更好地参加篮球训练。本章为篮球训练的安全与营养保健，主要介绍了三个方面的内容，分别是篮球运动员的合理营养、篮球训练的疲劳消除、篮球训练的运动损伤与防护。

第一节 篮球运动员的合理营养

一、科学营养

（一）营养概述

营养是指机体从外界摄取食物，经过消化、吸收、代谢，最终将食品中对机体健康有好处的成分用于维持生命活动的一个系统而完整的生理过程。

营养素是指人类为维持生命活动而从外界提取的营养物。营养素是人类维持生命活动、促进健康发展的最根本物质。如果未均衡吸收营养素，人体健康水平与活动能力将受到不良影响。人体需要补充的营养素有六大类，分别是水、糖类、脂肪、蛋白质、无机盐和维生素。

1. 水

水是人类维持生存的重要营养素，人类离开水将无法生存。人体内含量最多的成分就是水，水约占成人体重的2/3。如果人体内缺水，就会影响正常的生理功能。水的营养功能主要体现在以下3个方面：

（1）水能够使腺体分泌保持正常。

（2）水参与人体正常的代谢过程。

（3）水能够调整并维持正常的体温。

人体所需水的主要来源是饮料和食物。通常，成人每天需要补充的水分是2000~2500毫升，运动员在篮球运动中补充水分的量具体要以年龄、气候和运动强度等情况为依据。

2. 糖类

糖类还被称为碳水化合物，碳、氢、氧是糖类的主要成分。根据糖类分子结构的差异性分，可以将糖类分为单糖、双糖和多糖三大类。单糖包含半乳糖、果糖和葡萄糖；双糖包含蔗糖、麦芽糖和乳糖；多糖包含纤维素、淀粉、糖原等。糖类的营养功能主要体现在以下3个方面：

（1）糖类提供机体所需的能量，维持机体正常的生理活动。

（2）糖类有利于有效吸收和利用蛋白质。

（3）糖类能够构成细胞和神经，具有重要的作用。

米、面、谷类、马铃薯、水果、牛奶、蔗糖、蜂蜜等日常主食、蔬果、饮料中含有大量的糖类，这些糖成分能够满足人体正常的生理功能需要。

3. 脂肪

脂肪是由碳、氢和氧三种元素组成的。作为人体重要的组成成分，脂肪在人体内具有举足轻重的作用。[①] 脂肪的营养功能主要表现在以下 3 个方面：

（1）脂肪是构成人体组织细胞的重要成分。

（2）脂肪包围在人体器官周围充当脂肪垫，主要用来保护人体器官和神经，以免器官和神经受外伤。

（3）脂肪能够维持人体体温，并有效保护人体的内脏器官。

脂肪的来源有很多，如猪油、羊油、牛油等动物性食物。另外，植物性食品如大豆、花生等，也富含脂肪。

4. 蛋白质

蛋白质是一切生命活动的基础，是构成生物体细胞的主要原料。蛋白质的主要组成元素有氧、碳、氢和氮。蛋白质的营养功能主要表现为以下 3 个方面：

（1）蛋白质是构成和修补机体组织的重要物质，保证机体正常地生长发育。

（2）在糖类和脂肪不能完全提供机体需要的能量时，蛋白质能够补充一定的热量。

（3）蛋白质可以构成抗体，抗体具有免疫作用，能够增强机体抵抗细菌和病毒的能力。

蛋类、豆制品、鱼、小麦、肉类、坚果、乳制品等食物是蛋白质的主要来源。一般来说，动物性蛋白质要比植物性蛋白质更优质。运动员应更具锻炼强度、运动量和年龄等指标调整蛋白质的摄入量。

5. 无机盐

无机盐也被称为"矿物质"，主要包括两大类，一类是含量较多的常量元素，包括钙、钠、磷、镁、氯、钾、硫等；另一类是含量较少的微

[①] 刘立：《当代大学生体育课素质健康教程》，黑龙江教育出版社 2019 年版，第 63 页。

量元素，包括铁、锌、碘、铜、硒、钼、氟、钴、铬等。无机盐的营养功能主要表现在以下 3 个方面：

（1）无机盐是构成机体组织的重要成分。

（2）无机盐能够保持机体内的酸碱平衡。

（3）无机盐有利于合成与利用机体内的其他营养物质。

奶和奶制品是矿物质中的钙的主要来源；动物内脏（特别是肝脏）、血液、鱼、肉类是铁的主要来源；动物性食物是锌的主要来源。

6. 维生素

维生素也称"维他命"，维生素是维持机体健康所必需的营养素。维生素主要分为两大类，一类是脂溶性维生素，包括维生素 A、维生素 D、维生素 E、维生素 K 等；另一类是水溶性维生素，包括维生素 C 族、维生素 B 族。维生素的营养功能主要表现在以下 3 方面：

（1）维生素 A 的功能主要是健齿、健骨、润肤、助消化等。

（2）维生素 B1 能够有效促进能量代谢及糖代谢生成三磷酸腺苷（ATP）。

（3）维生素 C 具有抗氧化、缓解疲劳、缓解肌肉酸疼等作用。

动物的肝脏、深绿色或深黄色的蔬菜、红色或黄色水果、蛋黄等是维生素 A 的主要来源；米、面、核桃、花生、芝麻和豆类等粗粮是维生素 B1 的主要来源；水果、叶菜类、谷类等是维生素 C 的主要来源。

（二）营养需求

1. 水

一般情况下，当人体出现口渴时，就已经丢失了体重的 3% 左右的水分，这时机体处于轻度脱水的状态。机体脱水容易造成运动能力下降，所以要提前进行补水。运动员补水主要分为以下 3 个阶段：

（1）训练前补水。运动员要根据课程情况、气候和自身的情况进行运动前补水，这是很有必要的。训练前补水可以防止运动员在运动过程中发生脱水现象。一般认为运动员在进行篮球运动前 2 小时饮用 0.4~0.6 升的含电解质和糖的饮料，或篮球运动前补 0.4~0.7 升的水较为适宜。补水要遵循少量多次原则。[①]

---

① 段黔冰：《现代健身新理念》，电子科技大学出版社 2005 年版，第 81 页。

（2）训练中补水。运动员在篮球运动中的补水量要根据出汗量来确定，通常运动中的补水总量不超过 0.8 升/秒。总补水量不超过总失水量的 50%~70%，如果运动员篮球运动时间不超过 1 小时，只需要补充纯水。

（3）训练后补水。很多运动员因为在篮球运动中补水不足而脱水，因此训练后补水尤为重要。训练后适宜补充含糖的饮料或水，有利于恢复血容量。训练后不能大量补水，补充大量水分会使出汗量和排尿量增加，从而加速丢失人体的电解质，对肾脏和肝脏造成重大负担，造成胃扩张，对呼吸不利。

2. 能量

运动员进行篮球运动要消耗大量能量，因此运动员每日不仅要摄入满足正常生理发育的能量，而且要补充篮球运动中消耗的能量。篮球运动的负荷越大，就会消耗越多的能量，摄取的膳食能量也应随之增加。

身体素质训练是篮球运动必备的。通常运动员在进行身体素质训练中的耐力练习时消耗的能量较多，因此需要供给较多能量。运动员进行中等强度的耐力运动超过 30 分钟，肌糖原消耗接近耗竭，但氧供应仍然充足，这时机体开始大量利用脂肪分解供能。因此，运动员在进行篮球运动中的有氧耐力训练时，应吸收含有充足糖和脂肪的食物。

运动员在篮球运动期间，饮食中脂肪的供给要适量。过多食用脂肪会影响人体吸收蛋白质和铁等营养素，而且脂肪不易消化，会在胃内停留较长时间，从而影响运动。运动员参加篮球运动时，膳食中脂肪的含量在 25%~30% 较为适宜。

糖是运动员在篮球运动中时的主要能量来源，运动员的耐力与体内肌糖原水平是正相关关系。肌糖原水平低，运动员在篮球运动中易疲劳。因此，运动员要注意补充糖。

补糖的特点因篮球运动性质不同而不同。若运动员进行短时间、低强度的篮球运动，则不需要补糖；若进行超过 80 分钟、大强度的篮球运动，则需要补糖。补糖的时间主要集中在运动前 15 分钟或两小时；运动中补糖可以提高血糖水平，延缓运动中出现的疲劳；运动后补糖可以促进糖原的恢复。

3. 蛋白质

运动员在篮球运动中需要补充的蛋白质量与下列因素有关：

（1）篮球运动的状态。运动员在大运动量的篮球运动初期，细胞损伤会增加，因此要增加蛋白质补充量。

（2）篮球运动的类型、强度、频率。长时间剧烈的篮球运动非常考验耐力，会加强蛋白质代谢，因此要增加蛋白质补充量。

（3）在热能短缺和糖原储备不足时，应增加蛋白质的补充量。

（4）如果运动员要减轻体重和控制体重，需要适当补充蛋白质营养密度高的食物。

运动员在篮球运动过程中，要注意保持蛋白质营养的"正平衡"状态，同时蛋白质的补充量要根据体育训练的不同类型而有所变化。运动员进行力量训练时，蛋白质供给量是每日总能量的15%~18%，力量训练时蛋白质的供给有利于强壮骨骼肌和增加肌肉力量。在进行其他形式的练习时，蛋白质供给量一般是每日总能量的14%~16%。

4. 维生素

维生素的主要作用是维持和调节机体正常代谢。人体内无法合成或者不能充分合成大部分维生素，因此体内的维生素无法满足人体需要，因而需要通过食物摄取。运动员如果在日常饮食中缺乏维生素的补充，就会影响身体健康水平，出现维生素缺乏症。因此，参加篮球比赛的运动员要保证饮食中维生素的充分供应，以提高自身的运动能力。

二、膳食平衡

（一）膳食平衡的原则

膳食平衡原则要求膳食中的各类营养素和热量比例要科学合理，种类丰富齐全，能基本维持身体中各项运动所需要的营养。如果运动者膳食补充不平衡，则会影响机体正常生理功能的发挥，严重者会引发相应的营养缺乏或营养不足症状。膳食平衡原则主要体现为以下三个方面：

1. 全面性

全面性原则要求，在膳食方面各种营养素的摄取应全面。人体需要多种的营养素，包括蛋白质、脂类、维生素、水等，都对人体具有独特的作用，如果有所欠缺，则会影响人体的某项生理功能。因此，运动者的日常饮食一定要全面，避免食物的单一化和长期固定化。

2. 平衡性

平衡性是指各种营养素的供给应与人体之间形成相对的平衡，供应量既不能过剩也不能短缺。篮球运动训练的负荷量相对较大，因此应注重高能量食物的补充。在不同的季节和不同的训练强度下，应适当调整饮食。营养摄入过少，则不能满足需要，会发生营养不良性疾病；摄入过多，既浪费食物又会对机体产生负担，产生营养过剩性疾病。

3. 适度性

适度性原则是指各营养素之间的搭配要适当。饮食之间进行合理搭配能够更好地促进人体对营养素的吸收和利用。在日常饮食中，要注重蛋白质、脂肪和碳水化合物之间的搭配，荤素比例适度。膳食的适度性原则还要注重主副食品的搭配，并慎重服用营养保健品。

（二）膳食平衡的具体要求

1. 各种营养素和热量摄入的平衡

营养学专家建议，在某一特定时间段，人体所摄入的各类营养物质应当维持在某一标准之内。中国营养学会制定了相应的营养素每日供给量标准，运动者应该根据其调整食物的搭配和供应。

糖类、蛋白质、脂肪均能给机体提供热量，故称为热量营养素。糖类、蛋白质、脂肪三者摄入量的合适比例为 6.5 ∶ 1 ∶ 0.7。另外，运动者不仅要注重三大能源物质的供应，还要注重对维生素、无机盐的补充。

2. 酸碱平衡

人体的各部分都会有相应的酸碱度，一般情况下人体的各部分的 pH 值都保持在相应的位置，如果饮食搭配不当、酸碱不平衡，则会导致人体的酸碱失衡。篮球运动训练的负荷量相对较大，在运动之后人体会产生相应的酸性代谢物质，因此在饮食中应该注重碱性食物的搭配。常见的酸性食品和碱性食品如下：

（1）酸性食品

动物类：鸡肉、鲤鱼、猪肉、牛肉、鱿鱼、蛋黄等。

植物类：大米、面粉、花生等。

（2）碱性食品

蔬菜类：海带、菠菜、萝卜、南瓜、黄瓜、菜豆、藕等。

水果类：西瓜、香蕉、苹果、草莓等。

三、篮球运动员的营养补充

篮球运动具有对抗性强、技巧性高、运动量大等专项特点，因此篮球运动员对热能的需要量大，除三大热能营养素消耗量大外，对维生素、无机盐等的消耗量也增加。运动员的膳食营养补充应与身体的消耗相平衡。

（一）能量应平衡

热能是人体从事各种活动和运动的动力，一般运动员的热能消耗明显高于普通人，相当于普通人的1.5~2倍。篮球运动员由于其专项特点，身体热能消耗大，男子总热能消耗量约为3 906千卡/日，女子约为3 200千卡/日。因此，篮球运动员每日通过膳食摄入的总热量应与身体消耗的总热相平衡，而且热量食物的构成要合理。膳食中的热量主要来自四种食物，即粮谷类、薯类、豆类和动物性食物。其合理的比例：粮谷类食物提供的热址为60%~70%，薯类食物提供的热量为5%~10%，豆类食物提供的热量为5%，动物性食物提供的热量为20%~25%。

（二）热能营养素构成平衡

膳食中碳水化合物、脂肪和蛋白质称为热能营养素，只有这三种营养素摄入量适当，才能发挥各自的特殊作用，并起到互相促进和互相协调的作用，达到热能营养素的平衡。研究表明，在运动员的膳食中，碳水化合物提供的热量为70%，是保持肝、肌糖原储备的"标准化膳食"；脂肪提供的热量为20%~25%；蛋白质提供的热为10%~15%。

（三）膳食蛋白质的来源及组成应合理

在大强度运动时，蛋白质分解代谢增强，运动员身体出现负氮平衡。在剧烈运动时皮肤排汗也可丢失大量氮，组织蛋白的更新以及运动中组织损伤的修补也需要蛋白质。因此，运动员对蛋白质的需求量较一般人高。由于运动量和运动专项不同，对蛋白质的需要量也不同，当热能消耗不大时，运动员每日每公斤体重需要 1.2~2.0 克蛋白质；当热能消耗量很高时，运动员每日每公斤体重需要 2.2~2.9 克蛋白质。其中动物性食物蛋白和豆类蛋白（称为优质蛋白质）应占 55%~65%。但应注意蛋白质摄入量不能过多，如每日每公斤体重超过 3 克，则蛋白质分解的有毒物质会增加肝、肾的负担。合理的膳食蛋白质，应来自动物性蛋白、植物性蛋白和豆类蛋白，在一般情况下分别占 25%、70% 和 5%。

（四）膳食脂肪的来源及组成应合理

运动时，作为燃料的脂肪不是外源性的，即不直接依膳食中的脂肪。运动中消耗的脂肪主要是体内储存的脂肪。因此，没有必要单纯为了运动而摄入过多的脂肪。运动员膳食中脂肪摄取量以每日每公斤体重 1.5 克为宜。植物性脂肪：动物性脂肪的含量比应为 1.5 ∶ 1。

四、篮球运动员的膳食建议

（一）培养科学的饮食习惯

1. 合理安排一日三餐

（1）时间安排

人的日常三餐应保持固定，这样对于肠道的消化和吸收有利。一般两餐之间的间隔时间在 5 小时左右。每次吃饭的时间也应合理安排，既不能太快也不能太慢。

（2）热能安排

一般早餐占全天总热量的 30% 左右，午餐占全天总热量的 40%~45%，晚餐占全天总热量的 25%~30%。

2. 培养良好的个人饮食素养

（1）每天热量结构建议碳水化合物占总热量的 60%~70%，蛋白质占总热量的 10%~15%，脂肪占总热量的 20%~25%。

（2）用餐环境保持安静、清洁，不吃街头无食品卫生许可证摊贩的食品；购买食品时应注意保质期。

（3）在饮食上还要注意营养卫生，不吃太咸、太油腻的食物，不吃油炸和烟熏的食物。

（4）增强自身对于营养和保健知识的认识和了解，讲究合理的膳食结构，掌握好搭配和比例。慎重服用保健类和营养类药物。

3. 合理加餐

篮球运动对于人体的能量消耗较多，因此可考虑适当加餐。加餐的食物摄入量不宜过多，而且要以碳水化合物为主。加餐应保证不影响正常的三餐饮食。

（二）素食餐饮要适当

素食的热量和脂肪的含量相对较低，有助于避免现代病。但是素食同样具有一定的弊端。篮球运动者不应做纯素食主义者，应保证机体各种营养摄入的均衡。

纯素食的主要弊病表现在以下两方面。首先，纯素食容易导致营养不良。蛋白质是人体细胞和组织的重要成分，人体各部分的组成都需要蛋白质的参与。脂肪不仅能够为人体提供热量，还对大脑发育具有重要的影响。对于经常从事大运动量的运动者来说，单纯的素食并不能很好地提供人体运动所需的营养。其次，纯素食容易导致微量元素和维生素缺乏。人体的很多微量元素都来自果蔬类食物，但是人体中的铁、锌、钙等元素主要来自动物性食品，如铁元素主要来自肉类和蛋类食物，钙元素则主要来自奶类食物。纯素食的人贫血和缺铁、锌的危险较大。纯素食的人虽然不一定贫血，但是其铁的吸收率较低。

（三）饮食注意事项

在篮球训练前后，应注意以下 4 个方面的饮食问题。

1. 避免空腹时的大量运动

在空腹的情况下，人体的血糖含量会相对降低，在运动过程中可能会产生头昏、四肢乏力等症状，严重者甚至会昏厥。空腹运动训练也可能会产生腹痛，还会抑制消化液的分泌，降低消化功能，容易发生意外。

2. 饭后不大量运动

在饭后，人体的消化器官需要大量的血液供给，这时候进行运动训练会导致消化系统的血液流量减少，从而影响人体对食物的消化和吸收。如果在饭后进行大量的运动，会影响肠胃的蠕动，产生胃痉挛、呕吐等症状。因此，运动者应在饭后过一段时间再进行运动训练，一般可在饭后 1.5~2 小时后进行。

3. 运动中不大量饮水

在篮球运动中，由于运动量巨大，人体的出汗量也会较多，会导致人体缺水。在补水时应注意控制饮水的量，采取少饮多次的方法来补水。可饮用功能性饮料，补充人体流失的矿物质。

如果饮水量过多，会使胃部膨胀，妨碍膈肌活动，影响正常呼吸，并对肠胃、心脏有害。在运动中大量饮水，会使得人体的盐分丧失增多，从而导致人体出现四肢无力、抽筋等现象。在训练过程中，口腔和咽喉黏膜的水分蒸发或尘埃刺激、空气干燥以及唾液分泌减少等原因也可能导致口渴，在这种情况下可用水漱口的方法来消除饥渴感。

4. 运动前不吃油腻或过咸食物

油腻食物不容易消化，肠胃需要更多的血液来帮助消化，肝脏也会分泌大量的胆汁去应付。这会造成腹胀，并且影响运动器官的血液供应。

在运动训练之前，食用过咸的食物会造成口干舌燥，如果大量饮水会影响运动的效果。

第二节　篮球训练的疲劳消除

一、运动性疲劳的概念

1982 年，第 5 届国际运动生物化学会议将运动性疲劳作为专题进行讨论。在会议上专门提出了一个运动词汇表，将运动、劳动、功率、力量、耐力、疲劳、力竭、运动强度的定义进行做了统一阐述将运动性疲劳的定义为"机体生理过程不能持续其机能在一特定水平或各器官不能维持预定的运动强度"。这一定义得到了国内外许多专家、学者的认可，并被许多教科书和科研论文所采用。

二、篮球训练疲劳的外围机制

篮球训练疲劳发生于神经肌肉接点至骨骼肌收缩蛋白。研究表明，不同强度、时间、运动形式所产生的疲劳机制是不同的，许多学者因此提出了许多有关篮球训练疲劳产生机制的说法，分别从以下三个方面对疲劳进行了阐释。

（一）能源衰竭

能源衰竭学说认为，运动过程中体内能源物质大量消耗而得不到及时补充是产生疲劳的主要原因。实验证实，篮球训练疲劳与能源物质消耗过多密切相关，且运动强度、时间不同，消耗的能源物质不同。具体如下：

（1）在短时间大强度的运动中，机体的主要能源ATP在肌肉中含量很低，仅能供应10秒以内的大强度运动。

（2）在中等强度的运动中，机体主要靠糖酵解和有氧氧化混合供能，由于人体肌肉中糖原含量仅200~500克，以酵解方式供能仅能维持1分钟。

（3）在长时间运动中，机体主要以糖和脂肪的有氧氧化功能为主，肌糖原的耗竭会随着练习强度的增加而增加，人体工作能力的下降往往伴有血糖浓度的降低，补充糖有助于工作能力的提高。

（二）离子代谢紊乱

运动时，离子代谢紊乱可以导致运动性骨骼肌疲劳的产生，影响篮球训练疲劳的主要离子有Ca^{2+}、K^+和Mg^{2+}。

1.Ca^{2+}与篮球训练疲劳

Ca^{2+}代谢异常是引起肌肉结构和肌肉机能变化，导致篮球训练疲劳产生的重要因素之一。运动中Ca^{2+}的增加对篮球训练疲劳的产生主要表现在以下两个方面：

（1）Ca^{2+}的过度增加可以激活磷脂酶A2（PLA2）和各种中性蛋白水解酶、溶酶体酶等，造成骨骼肌的结构和功能破坏，从而导致篮球训练疲劳。

（2）细胞Ca^{2+}增加时，主动摄入Ca^{2+}的线粒体会抑制其自身氧化磷酸化，使氧化磷酸化脱偶联，减少ATP的生成，造成运动能力下降。

在对Ca^{2+}的研究过程中，有关学者提出了以下观点：运动产生的Ca^{2+}的积累可能减弱甚至阻止T管活动，阻碍肌丝滑行的完成；运动衰竭时，心肌与腓肠肌的肌球蛋白 Ca^{2+}-ATP 泵活性会明显降低，Ca^{2+} 失衡；在长时间的运动中，运送到肌浆网状组织中的 Ca^{2+} 会减少，不能满足运动需要，使机体产生疲劳；长时间运动所引起的能量下降是因为 Ca^{2+} 不均衡导致的。

2.K^+ 与篮球训练疲劳

一方面，细胞内 K^+ 的流失会因运动中细胞持续兴奋而不断增多。力竭时，细胞内、外 K^+ 浓度比会由 40 下降到 20，影响正常动作电位的形成，从而导致肌张力降低，产生疲劳。

另一方面，钾含量的下降可能减少体内葡萄糖的利用，抑制胰岛素分泌，减少骨骼肌糖原贮备，从而导致机体运动能力下降，产生疲劳。

3.Mg^{2+} 与篮球训练疲劳

镁在糖、脂肪、蛋白质等的代谢中发挥着至关重要的作用，是机体内许多关键酶的辅助因子。

细胞内 Mg^{2+} 可以参与细胞 Ca^{2+} 浓度的调节，抑制线粒体摄取 Ca^{2+}。运动中，细胞 Mg^{2+} 含量的下降对篮球训练疲劳的影响表现在以下两个方面：

（1）使许多关键酶活性降低，导致细胞代谢障碍，引发疲劳。

（2）引起 Ca^{2+} 代谢紊乱，降低运动能力，导致机体疲劳。

（三）自由基致损伤

自由基是指游离在外层轨道带有不成对电子的离子、原子、分子等物质，如氧自由基（O_2）、羟自由基（OH）、过氧化氢（H_2O_2），单线态氧（O_2）等。

自由基在人体的存在是利弊参半的。在生理浓度的条件下，自由基在生物体内是有利的，如使纤维细胞增殖、调节血管舒张、杀菌等；另外，自由基可以与不饱和脂肪酸发生脂质过氧化反应生成过氧化物，过氧化物对细胞具有毒性作用。自由基过多会导致核酸受损、蛋白质交联或多肽断裂，使代谢酶因交联聚合而失去活性。

研究发现，氧自由基与运动的关系最为密切。[1] 在正常情况下，人体

---

[1] 蒋丽、殷劲:《疲劳的运动生理学研究进展》，电子科技大学出版社 2017 年版，第 6 页。

内氧自由基的产生和清除是平衡的。但是，一旦产生氧自由基过多或抗氧化系统出现故障，其代谢就会出现失衡。自由基的失衡会导致机体细胞损伤，引发心脑血管疾病、白内障、糖尿病、炎症、癌症等疾病和衰老现象。运动时，氧自由基的增加是产生篮球训练疲劳的一个重要因素。

运动前，给机体补充适当的抗氧化剂能够有效地降低运动后的脂质过氧化程度，延缓疲劳的出现。

三、篮球训练疲劳的消除措施

篮球训练疲劳是体内多种因素综合变化的结果，要想使其恢复的速度和效果都更为理想，就要求采用多种科学手段，否则往往达不到预期的效果。篮球训练疲劳恢复的措施有很多，其中最主要的主要有以下四大类，即运动性疗法、传统康复治疗、物理疗法、温水浴及冷热水交替浴等。

（一）运动性疗法

运动性疗法是以运动学和神经生理学为基础，利用人体肌肉关节的运动，以达到防治疾病、促进身心功能恢复和发展的方法。运动性疗法是康复医疗的重要措施之一，要想达到较为理想的恢复效果，就要以运动员的实际情况为主要依据，以运动处方的形式，有针对性地选择适合的运动方法，从而确定适当的运动量。具体来说，运动性疗法的具体措施主要有以下两种主要形式。

1. 积极性休息

积极性休息是通过变换活动部位、调节运动强度等方法来消除疲劳的方法。1903年，生理及心理学家谢切诺夫做了一项测力描记实验，结果表明，当一个人的右手工作到疲惫之后，他选择用他的左手去做，而不是静静地休息，这样可以更快地恢复他的右手。作者还提出，在休息期，左手和手部肌肉的收缩，会加强对右手神经系统的抑制作用，从而促进右手的血液流动。许多研究都证实，相对于静止的休息，积极性休息可以让乳酸的清除速度提高一倍。积极性休息是运动疲劳恢复的重要措施之一，运用也较为广泛，其恢复效果也较为理想。

2. 整理活动

整理活动是指在正式练习后所做的一些加速机体功能恢复的较轻松的身体练习，是消除疲劳、促进体力恢复的好方法，应给予足够重视。如果一个人跑到终点后站立不动，血液会大量集中在下肢扩张的血管内，使静脉回心血量减少，因而心排血量下降，致使血压降低而造成暂时性脑贫血，会引起一系列不适感觉，甚至出现"重力性休克"。而在剧烈运动后进行整理活动，不仅能够使心血管系统、呼吸系统仍保持在较高水平，而且对于乳酸的排除也有非常积极的促进作用。

一般整理活动应包括慢跑、深呼吸、体操、肌肉放松练习、静力牵伸练习等活动。肌肉静力牵伸练习对缓解运动后的肌肉紧张、放松肌肉、预防延迟性肌肉酸痛、消除肌肉疲劳、保持和改善肌肉质量都有良好的作用。总的来说，整理活动具有及时放松肌肉，避免局部循环障碍影响代谢过程而延长恢复期的重要作用。但是，为了保证理想的恢复效果，在做整理活动时需要注意，活动量不宜过大，尽量缓和、放松，使身体逐渐恢复到安静状态。

（二）传统康复治疗

传统康复治疗技术主要包括针灸、拔罐、推拿按摩、中药熏蒸等非药物疗法，这种治疗方法主要是通过调整人体的阴阳平衡、调节脏腑功能、疏通经络、调和气血、升降气机，达到消除疲劳、祛除致病因素、修复损伤、增强抗病能力和强壮脏腑功能等目的。

在传统的康复治疗中，运用较为广泛的是气功。气功是一种自我调节、自我控制的锻炼形式。气功练习对于篮球运动疲劳恢复作用主要表现在以下4个方面：

（1）气功练习能够使抵抗能力有所增强。

（2）气功练习能帮助机体放松，消除紧张状态，使交感神经系统的活动减弱，血管紧张素分泌系统发生变化，调节血压，使血运加快、皮温升高、红细胞和血红蛋白有所增加，提高白细胞吞噬能力，减少血皮质醇。

（3）通过脑电图检查证实，气功练习能够对大脑皮层起保护性抑制作用。

（4）气功可放松骨骼肌，舒缓心跳慢，减少耗氧量。

（三）物理疗法

应用天然的或人工的物理因子，如光、电、声、磁、热、冷等作用于人体，引起局部或全身的生理效应，从而起到康复和提高机能的治疗方法，就是所谓的物理疗法。物理疗法的形式有很多种，如常见的电疗、光疗、水疗、冷疗、蜡疗、超声波疗、热疗、磁疗及生物反馈等治疗方法。

以蜡疗为例，蜡疗的运用范围较为广泛，其主要特点是，热容量大、导热性小，几乎无对流现象。石蜡有很高的蓄热性能，在冷却的过程中可释放大量热能。石蜡用于治疗的作用主要表现为两个方面：一是温热作用，皮肤能耐受 60~70℃的石蜡而不被烫伤；二是机械压迫作用，对肌腱挛缩有软化、松解作用。因此，蜡疗的主要作用为，防止淋巴液渗出，减少水肿，促进渗出液吸收，扩张毛细血管和增加血管弹性。

（四）温水浴及冷热水交替浴

消除肌肉疲劳的一种最简单的方法，就是沐浴。沐浴能够对血管扩张产生刺激，对血液循环和新陈代谢起到积极的促进作用，加快代谢产物排出的速度，进一步改善神经肌肉的营养。温水浴水温以 42℃左右为宜，时间为 10~15 分钟，每天 1~2 次。训练结束后 30 分钟可进行温水浴。但是，在应用温水浴时需要注意，为了保证理想的消除疲劳的效果，沐浴时间不能过长、次数不能过频，水的温度也不能过高，否则就会起到相反的作用，加重疲劳。

冷热水交替浴可交替性地刺激血管的收缩和舒张，更有效地促进血液循环。进行冷热水交替浴时，热水温度以 40℃左右为宜，冷水温度以 15℃左右为宜，冷水浴时间为 1 分钟，热水浴时间为 3 分钟，交替 3 次。

第三节 篮球训练的运动损伤与防护

一、运动损伤的原因

（一）思想麻痹大意

思想麻痹大意往往是运动性损伤的根本原因，因为个体的主观态度和行为举止在运动中起着至关重要的作用。首先，对预防损伤的意义认识不足和缺乏警惕是造成运动性损伤的首要原因。有些运动员低估了运动损伤的严重性，缺乏对自己的保护。这种思想状态使得运动员在运动中更容易忽略潜在的风险，增加发生损伤的可能性。其次，在运动前未仔细检查器械且缺乏充分的预防措施也是导致运动性损伤的常见原因。部分运动员因为急于开始运动或对器械状态的漠视而未进行充分的检查和准备。这种疏忽可能导致在运动中出现设备故障或者不当使用的情况，从而增加了受伤的风险。此外，过于好胜、好奇、盲目和冒失地进行运动同样是思想麻痹大意的表现。一些运动员出于竞争心理、追求刺激或者对运动的兴奋感而过于冒险，进行不够谨慎的运动。这种行为可能导致姿势不当、运动过度或者运动幅度过大，进而引发损伤。因此，通过提高运动员对运动性损伤的认识，强化警惕心理，以及在运动前进行仔细检查器械、采取充分的预防措施，可以有效地减少思想麻痹大意所带来的运动损伤风险。教育和培养健康的运动态度，强调谨慎和适度，有助于运动员更加理智地面对运动，降低发生损伤的可能性。

（二）准备活动不当

准备活动在运动中的重要性不可忽视，而不当的准备活动往往是引发运动性损伤的一个关键因素。不做准备活动或准备活动不充分是导致损伤的常见原因之一。缺乏适当的热身活动可能使肌肉和关节处于冷却状态，增加了在运动中受伤的风险，而不充分的准备活动也无法有效激活身体各部位的肌肉和关节，使其适应即将进行的运动。其次，没有根据专项运动特点进行准备活动也是一种准备不当的表现。每种运动都有其独特的运动特点和要求，因此准备活动应该根据具体的运动项目进行调整。如果准备活动未能使机体适应即将进行的专项运动，就会增加运动时受伤的概率。再次，准备活动的量过大同样可能导致运动性损伤。过于剧烈或过长时间的准备活动可能导致身体在正式运动开始前就处于疲劳状态，使得运动时的体能下降，易受伤。因此，准备活动的强度和时间应该逐渐增加，以确保身体得到适当的准备和激活。最后，准备活动与正式活动之间的间隔时间过长也可能影响运动的效果。如果停留在准备活动的时间过长，身体会失去热身的效果，增加运动时的风险。因此，合理控制准备活动与正式活动之间的时间，确保身体保持在良好的运动状态，对于预防损伤具有积极作用。综上，通过合理规划和执行准备活动，根据具体运动的特点进行调整,逐渐增加活动的强度和时间,并控制准备活动与正式活动之间的间隔,可以有效减少运动性损伤的风险,提高运动的安全性和效果。

(三)缺乏运动经验与自我保护能力

在进行体育活动时,对意外情况的有效处理和加强自我保护意识对于预防运动性损伤至关重要。不知道如何应对或惊慌失措往往是造成损伤的根本原因之一。临场时,应对突发状况运动员做出及时、冷静的反应,采取正确的自我保护措施,能够有效降低损伤的发生率。

例如,当摔倒时如果不知道如何正确使用肘部或直臂来撑地,会导致尺(或桡)骨或肘关节的损伤。正确的自我保护措施包括学会合理地减缓身体的冲击力,避免将冲击直接传递到关节或骨骼上。因此,在体育活动中,培养运动员正确的反应机制和提高自我保护意识,能够更好地应对摔倒等意外情况,减少潜在的伤害。

再如,从高处落下时,如果脚跟落地或者屈膝缓冲不够,会引发腿部、腰部或内脏的损伤。在这种情况下,正确的自我保护措施包括学习正确的落地技巧,保持身体的平衡和柔韧性,避免对关键部位的过度冲击。对于特定运动项目,应当学习和掌握相应的安全技能,提高运动员在紧急情况下的反应水平。

因此,提高意外情况的处理能力和自我保护意识,运动者可以更好地应对潜在的损伤风险。教练应提供相应的培训和教育,让参与体育活动的运动员了解如何在危急时刻采取正确的自我保护措施,减少运动性损伤的发生,保障运动的安全性和健康性。

(四)技术上的缺点和错误

在进行各种体育运动或锻炼时,正确的技术动作是预防损伤的关键。技术动作的不正确往往导致局部受力过大、身体失去平衡或控制,从而增加运动中受伤的风险。因此,对于每一项运动或活动,正确的技术动作都至关重要。

正确的技术动作有助于分散受力,避免局部肌肉或关节负担过大。技术动作不正确可能导致某一部位集中承受过大的压力,增加该部位的损伤风险。通过学习和掌握正确的技术动作,运动员可以使力量更加均匀地传递到整个身体，降低某一局部的受力强度。

正确的技术动作有助于维持身体平衡。不正确的动作可能导致身体姿势不稳定，增加摔倒或扭伤的可能性。通过学习正确的技术动作，运动员可以使身体在运动过程中保持平衡，减少因失去控制而造成的损伤。

正确的技术动作对于提高运动效果也是至关重要的。合理的技术动作可以使运动更加高效、流畅，提高运动员的表现水平。相反，不正确的技术动作可能浪费能量，影响运动的执行效果，甚至降低整体运动水平。

（五）运动训练的计划安排不合理

在进行体育锻炼时，过度的运动负荷和未能适时调整训练计划会导致运动性损伤的发生。首先，运动负荷过大会使身体过度疲劳。过于激烈或长时间的运动可能导致肌肉疲劳、神经系统过度紧张和全身性的疲倦，导致身体无法及时恢复，增加了发生损伤的风险。因此，制订合理的锻炼计划，控制运动强度和时长，以确保足够的恢复时间，对于减少运动性损伤具有重要意义。其次，长期局部运动负担过重也是一个潜在的危险因素。某些运动项目可能对特定部位的肌肉、韧带或关节造成过大的压力，如果未能及时调整训练计划或采取适当的措施，可能导致局部损伤的发生。因此，了解个体的身体状况，及时调整训练计划，给予局部部位充分的休息，是预防运动性损伤的重要策略之一。最后，未能根据身体机能状态及时调整锻炼计划也可能增加损伤的风险。个体的身体情况随时间和锻炼强度的变化而变化，如果训练计划不能随之调整，可能导致过度训练或不足训练，从而影响身体的适应性，更容易发生运动性损伤。

二、运动损伤的类型及处理方法

（一）膝关节韧带损伤

1. 概述

膝关节韧带具有较高的抗拉强度和较大的弹性，其作用是保持膝关节的稳定性和限制其在生理范围以外的运动。在非生理性剧烈运动的情况下，韧带的牵拉程度超出了其所能承受的限度，就会出现韧带的损伤。

其主要症状是局部肿胀、触痛或关节不稳,朝着暴力方向牵拉时疼痛加重。如果治疗不当,就会出现不稳定性和创伤性关节炎。治疗的原则是确切诊断、早期处理、全面修复。一部分损伤可直接修复,严重者需要以临近的肌腱、筋腱等组织转移修复。

2. 征象及表现

韧带损伤后,往往会出现一些细小的血管断裂,出现出血症状,局部疼痛和肿胀的症状,还会出现组织内出血、关节肿胀、压痛等症状。韧带若完全折断,则会降低关节的稳定性。

3. 处理方法

(1)内侧副韧带损伤

如果是内侧副韧带扭伤或者是部分断裂(深层),建议先用长腿管形石膏固定4~6周;如果是完全断裂的,应该尽早进行修复;如果是半月板损伤或者是前交叉韧带的损伤,也要在手术的时候做相应的处理。

(2)外侧副韧带损伤

外侧副韧带断裂要及时安排手术。

(3)前交叉韧带损伤

不到两周的前交叉韧带损伤应积极进行手术缝合。若发生于韧带体部位,应再移植一条肌腱,加强其稳定,其移植的肌腱通常选择髌韧带的1/3。对于局部断裂,可以先将断裂处缝合,然后打上石膏固定,大概持续4~6周时间,建议在关节镜下进行韧带缝合,或者外用药物进行治疗,以达到消炎止痛、促进周围组织恢复的目的。非疼痛期也要给予保护性措施,如弹性绑带固定,目的是避免关节的摩擦和继续损伤,减少周围组织的充血水肿和炎症。

(二)髌骨劳损

1. 概述

髌骨劳损是一种退行性疾病,主要是由于髌骨软骨面和与之相对的关节软骨表面长期受到损伤而导致的,又叫"髌骨软化"或"髌骨炎"。因膝关节过度伸屈,过度内外翻,使髌骨下方的软骨面和股骨对应的表面,在长时间的撞击挤压下,受到损伤。

2.征象及表现

髌骨骨折可由直接暴力或间接暴力引起，伴有髌骨两旁腱膜撕裂。一开始在活动时会出现局部疼痛的情况，但在活动之后疼痛开始减轻，经一段时间休息后又加重，没有明确的固定疼痛部位。紧接着，在上下楼梯时会感觉到"膝软"，严重的时候关节内积液肿胀。直接或间接的暴力活动都会导致髌骨骨折，同时髌骨两旁腱膜会严重撕裂。此外，髌骨软化症是一种常见的膝关节疾病，多出现在青壮年的身上，多见于运动员，且女性髌骨软化症的发病率很高，其主要病理为软骨肿胀、破碎、脱落等，最终导致股骨髁相应的部位也出现类似病变而形成髌骨关节骨性关节炎。

3.处理方法

（1）在受伤的早期阶段，尽量不要做太大的运动，也不要做深蹲，这样可以保护膝关节。术后4小时以内是进行冷处理的最好时间，可在伤口附近进行冰块治疗。

（2）陈旧性膝关节劳损需要对肌肉和韧带进行热敷处理，并多做按摩。增强股四头肌、股二头肌等大腿肌肉的力量，这样才能避免肌肉过度劳累。另外，还可以增强膝关节的稳定性，如静力半蹲，如果感觉到疼痛，就表明运动过量，要马上停下来。

（三）半月板损伤

1.概述

半月板损伤是膝部最常见的损伤之一，多见于青壮年，男性多于女性。半月板损伤是膝关节的常见疾患。半月板位于胫骨关节面上，有内侧和外侧半月形状骨。内侧半月板形状为"C"形，前角位于前十字韧带连接点前，后角位于胫骨髁间隆突与后十字韧带连接点，其外缘中间部分与内侧副韧带密切连接。外侧半月板形状为"O"形，前角位于前十字韧带连接点前，后角位于内侧半月板的后角前，外缘不与外侧副韧带相连接，运动范围大于内半月板。

2.征象及表现

半月板损伤给患者的活动带来了极大的障碍。如果其半月板损伤严重，那么连小腿转动都会困难。大部分患者有明显的外伤病史，在急性期有明显的疼痛、肿胀及积液症状，关节屈伸运动受限；在经过急性期以后，水肿、水肿等症状都会慢慢消失，但是在运动过程中，关节还是会感觉到疼痛，尤其是在上下楼梯、下蹲、跑步、跳跃的时候疼痛会加剧。严重的可能出现跛行或屈伸功能障碍。

3. 处理方法

（1）半月板损伤急性创伤期。伤后的3~5天是半月板损伤急性创伤期，这段时间可以采用冰敷治疗，用冰水混合液涂抹在关节皮肤表面，每次15~20分钟，每天涂3~5次，可以有效地控制关节肿胀。此外，在此期间尽量少走动，且禁止热敷、按摩。

（2）半月板损伤急性创伤期后处理方法。若在急性创伤期得到较好的治疗，就能很快抑制住关节肿胀。若在活动前后关节无显著的疼痛，可以在晚上休息之前做一些关节的热敷，或者到医院做有穿透性的理疗，如超短波或短波等。等到肿胀基本被控制住，疼痛消失后，再进行力量训练，增加关节的稳定性，确保半月板不会再受到损伤。蹲姿是最安全和最有效的力量训练方式。

（3）半月板损伤恢复期处理方法。当力量逐渐恢复至接近正常水平时，可以循序渐进地恢复一般强度的体育锻炼，直至恢复较高强度运动训练。在整个恢复期力量训练中，应以无痛为基本原则，只有无痛才能防止练习中出现对关节的重复损伤。如果不慎在练习中出现疼痛感，应以急性期的处理方法进行冰敷。

（4）半月板损伤手术。当关节出现反复交锁、弹响、疼痛等症状时，那便要及时做关节镜手术，以避免进一步加重的膝关节软骨损伤。只有无痛、无响、无交锁感的半月板损伤才有继续保守治疗的必要。

（四）踝关节扭伤

1. 概述

关节扭伤是指当受到外界的力时，关节突然朝一个方向运动，且超过了正常的活动范围，从而导致关节周围的软组织（如关节囊、韧带、肌腱等）出现撕裂。较轻的只是韧带纤维的一小部分撕裂，严重的则是韧带全部断裂，或者韧带和关节囊连接部位的骨头撕裂。关节扭伤中最容易发生的是踝关节，其次是膝关节、腕关节。

2. 征象及表现

踝关节扭伤的损伤部位不同，有不同的临床表现。

（1）外侧韧带损伤。外侧韧带损伤由足部强力内翻所致。外踝长度大于内踝，且外侧韧带较弱，所以导致足内翻的运动范围更广，在临床上以外侧韧带损伤是较为常见的情况，且多是外侧韧带部分撕裂，主要表现为踝外侧疼痛、肿胀、行走一瘸一拐，伴有皮下瘀血、外侧韧带压痛等症状，内翻时外侧韧带疼痛加重。

（2）内侧韧带损伤。内侧韧带损伤由足部外翻所致，但较为少见，其临床症状类似外侧韧带损伤，但部位及方向相反，主要症状为内侧韧带肿胀、压痛，当足外翻时会导致韧带内侧疼痛。

3. 处理方法

（1）受伤后尽量不要做负重运动，也不要对受伤的部位进行按摩。及时用绷带或胶布将患侧足踝部向后伸展 90 度，轻微的外翻位包扎，送医院治疗。

（2）如果症状较轻，则可以在受伤后立即用凉水或冷毛巾敷贴，并将患肢抬高。因为冷敷可收缩血管，降低组织温度，能止血、消肿、止痛。将患肢抬高，可以促进血液和淋巴液的回流，避免血液淤积在受损部位。

（3）冷敷注意事项：在患伤部位放置一条浸了凉水的毛巾，每隔 3 分钟换一次，也可以把冰块放在塑料袋里敷 20~30 分钟。夏天的时候，可以用自来水清洗，清洗的时间保持在 4~5 分钟最佳。

（4）如果脚踝扭伤持续 24 个小时以上，就应该换成热敷治疗。这个时候热敷可以促进伤口内的血液、淋巴液的循环，能快速吸收伤口内的瘀血及渗出物。热敷的方法：用温水或用热醋湿的毛巾敷在伤处 5~10 分钟左右，当毛巾的热度退去再换。一天 1~2 次，每次 30 分钟左右。

（五）手指挫伤

1. 概述

手指挫伤也是运动损伤的常见类型。手指挫伤之后，一定要及时到正规医院进行治疗，如果治疗不及时，不但会使患者更加疼痛难忍，时间长了还会引起一些炎症，从而加重病情，导致手指恢复得更慢。

2. 征象及表现

手指挫伤，依程度可分为扭伤、脱臼、骨折、腱断裂和挫创伤（皮肤裂开）。若出现前三种症状，可用中药接骨散外敷，若出现后两种症状，则需要进行手术缝合。有的骨裂，其实是一种撕脱性骨折，多见于篮球比赛，在跳起争夺球的时候手指碰到了球，还可能是因为在锻炼之前没有做好准备，然后突然用力奔跑、跳跃等。

3. 处理方法

如果是新伤（医学上称之为"急症期"），要立即用凉水或者冰敷伤口 30 分钟，这样可以收缩微血管，减少水肿。急性期通常会持续 24 小时，需要定时冷敷 2~3 次。急症期过后，可以使用具有活血化瘀作用的药物对伤患处进行涂抹。但是，在急诊期间不要使用这类药物，也不要揉搓伤口，否则会加重肿胀。此外，在没有完全愈合的情况下进行运动，应使用绷带、创可贴等包扎固定患处，避免二次受伤。假如手指受伤比较重，建议先做一些简单的治疗，然后再去正规的医院就诊。

（六）骨折

1. 概述

骨骼由于意外事故或暴力造成断裂，称为外伤性骨折；原有病变，即使在极轻微的外力下也可引起的骨骼断裂，称为病理性骨折。依据骨折的程度，可分为完全性骨折和不完全性骨折。因暴力或撞击所致的骨折也容易造成损伤部位的肌腱、神经、血管损伤和关节脱位，若情况较为严重可导致内脏损伤、休克，甚至死亡。骨折端穿透皮肤与外界相通时，称为开放性骨折，容易继发感染。

2. 征象及表现

（1）发热症状。一般在骨折后体温不会有太大的变化，出血量很大的骨折，随着血肿的吸收，体温会有轻微的上升，但也始终在 38℃以下。如果出现开放性骨折，出现发热症状，有可能是感染导致的。

（2）休克症状。休克症状的出现主要是因为骨折导致出血量过多，尤以骨盆骨折、股骨骨折及多发骨折最为常见，最大出血量超过 2 000 毫升。开放性骨折和内脏器官损伤比较严重的时容易出现休克现象。

（3）局部表现。骨折的主要症状是局部疼痛、肿胀。骨折伴随骨髓、骨膜和周围组织的血管破裂、出血，出现血肿，同时也有软组织损伤引起的水肿，导致肢体肿胀，严重时还会有张力性水疱、皮下瘀斑等症状，骨折部位有强烈的疼痛感，尤其是患肢在活动时更甚。这种种症状限制了患肢的活动，若完全性骨折则会导致患肢失去所有的运动功能。

3. 处理方法

（1）发生骨折时，患肢移动幅度不要过度，移动力度不要太大，可以用干净的布对其进行包扎固定，若有鲜血流出，立即用干净的纱布将其上半部分包裹住，避免失血过多。

（2）可以用冰水、冰块、冷冻剂等敷在骨折处，避免出现红肿，若条件有限，也可以用冰的矿泉水或者纯净水代替，但尽量不要用自来水。再找一些硬木板固定患处，送往医院。

（3）手术后要吃清淡的食物，多吃富含蛋白质的食物，如鸡蛋、鸡肉、胡萝卜等。

（七）关节脱位（脱臼）

1. 概述

关节脱位，亦称关节脱臼、骨错等。凡是构成关节的骨端关节面相互之间的关系越出正常范围，引起疼痛和功能障碍者，即谓之脱位。脱位可分为脱臼与错位两种。全身除肩关节、髋关节、颞颌关节脱位称脱臼外，其余关节脱位均称为错位。脱位多发生于活动范围较大的关节。在全身关节中，以肩关节、肘关节、关节和颞颌关节脱位较为常见。

2. 征象及表现

（1）局部疼痛与压痛。关节脱位后会有强烈的疼痛和压痛，这是由局部肌肉、韧带、关节囊等软组织受损所致。

（2）局部肿胀。关节脱位后在短时间内会有显著的肿胀，主要是因为受伤关节周边的软组织内血管破裂出血及软组织损伤后出现炎症反应。

（3）关节活动功能丧失。正常关节结构遭到破坏，丧失了中枢功能，并伴随着严重的软组织损伤、疼痛及肌肉痉挛，会导致损伤关节无法正常活动。

（4）畸形。与健侧比较，脱位部位有显著的畸形，四肢形态不正常，可能出现肢体旋转、缩短等畸形现象。通过X线片可以更好地了解脱位的程度和方向，同时也可以了解是否合并骨折、陈旧性脱位，是否有骨化性肌炎、缺血性坏死等疾病。另外，脱位也会对相邻的神经、大血管产生影响，所以在检查时要注意。

3. 处理方法

关节脱位是因韧带拉伤、松弛引起，如果没有得到及时的治疗和保养，韧带拉伤、松弛过多，就容易形成习惯性脱位，时间越久越难医。如果脱位的次数不多、韧带拉伤不严重，用药治疗可以缓慢恢复。建议中医治疗，选用对身体没有副作用的野生中草药外敷修复韧带，早期损伤一般用药在10天左右就可见效，症状明显减轻。再用药保养20天左右就可痊愈。在没有治疗前，多休息、少活动，更不能强制锻炼，以免加重韧带的损伤，忌食用鸡肉、牛肉和姜等食物。

（八）肌肉拉伤

1. 概述

肌肉拉伤是一种较为常见的运动损伤，主要表现为肌肉的主动、剧烈收缩和被动过度拉伸导致肌肉局部或完全断裂。

2. 征象及表现

肌肉拉伤的主要症状是局部疼痛、肿胀、肌肉绷紧、痉挛。在受伤肌肉主动或被动拉伸的情况下，疼痛会更加严重。有的伤者会出现明显的肿胀和皮下瘀血的症状，摸一下局部有凹陷或一侧不正常的凸起，则可能是肌肉的断裂。

3. 处理方法

如果出现了肌肉拉伤，可以用冷水冲洗，也可以用毛巾包住冰块进行冷敷，之后再用绷带将受伤的地方包扎起来，这样可以避免肿胀。首先要做的就是放松受伤区域的肌肉，将伤肢抬起，然后口服止痛、止血等药物，治疗24~48小时后才能取下绷带。针对不同的情况，可以在伤口处涂抹一些活血、消肿胀的膏药，也可以选择热敷或者按摩。对于严重的肌肉扭伤，如果是肌肉的腹部或者肌腱被撕裂，应该尽快到医院进行手术。

三、运动损伤的防护措施

（一）遵守体育锻炼的一般原则

为了预防运动损伤，遵守体育锻炼的一般原则是至关重要的。这些原则提供了科学的指导，有助于确保个体在进行体育锻炼时能够最大限度地减少潜在的伤害风险，确保身体的健康和安全。

首先，合理控制锻炼的强度是预防运动损伤的关键。适度的强度能够刺激身体的适应性和进步，但过高的强度可能导致肌肉疲劳、关节负担过重，增加运动损伤的风险。运动员在锻炼时应根据自身体能水平和健康状况选择适当的锻炼强度，并逐渐递增，避免过度用力或急剧增加负荷。

其次，适当的热身和拉伸是预防运动损伤的必要步骤。充分的热身能够提高肌肉和关节的温度，增加血液循环，使身体更好地应对运动的挑战。拉伸有助于增加关节的灵活性和肌肉的弹性，减少因运动引起的拉伤和扭伤的可能性。在进行任何剧烈运动之前，都应进行适当的热身和拉伸活动。

此外，合理控制锻炼的时间和频率也是防止运动损伤的关键。过度锻炼和频繁运动可能导致疲劳和过度使用特定部位，增加损伤的风险。运动员应该合理安排锻炼时间，确保有足够的休息和恢复时间，避免连续剧烈运动导致过度疲劳。

最后，注意身体的信号，及时调整运动方式和强度。在运动中，运动员应该敏锐地感知身体的反馈，如疼痛、不适等，及时停止或调整运动方式，防止小问题演变成大问题。此外，保持良好的体态和技术也是预防损伤的重要因素。

总的来说，通过遵守体育锻炼的一般原则，运动员能够更好地预防运动损伤，确保体育锻炼的安全、科学和有效性。这不仅有助于提高身体素质，还能够使锻炼过程更为轻松，更好地实现身体健康和全面发展的目标。

（二）调节身体使之处于良好的运动状态

1. 运动前应做好充分的准备运动

在进行运动之前，进行充分的准备运动是确保身体安全、提高运动效果的关键步骤。这一准备过程包括适当的热身和拉伸运动,能够为身体创造良好的运动环境,减少运动损伤的风险,并提高运动的效果和乐趣。

热身运动是运动前不可或缺的一环。通过进行适度的有氧活动,如慢跑、跳绳等,能够迅速提高心率、促进血液循环,使身体逐渐进入运动状态。热身运动还有助于增加关节润滑液的分泌,提高肌肉和关节的温度,从而减少运动时的摩擦,降低受伤风险。其次,进行拉伸运动在热身后尤为重要。通过拉伸,可以增加关节的灵活性和肌肉的弹性,预防因运动引起的拉伤和扭伤。重点拉伸参与运动的特定肌肉群,确保在运动中有更大的运动幅度,并减轻对关节的负担。拉伸运动还有助于提高运动的舒适度,使肌肉更容易适应运动的要求。此外,热身和拉伸运动的内容和时间应该根据个体的身体情况进行调整,以确保身体有充分的准备。

充分的准备运动是确保运动者在进行体育锻炼时能够充分发挥身体潜力、减少运动损伤的必要步骤。通过科学合理的热身和拉伸,运动员能够更好地适应运动环境,提高运动效果,并在运动中保持身体的健康和安全。这一准备过程不仅对专业运动员至关重要,对于广大爱好者和日常运动者同样具有积极而重要的意义。

2. 运动后注意放松运动

在完成运动后,进行适当的放松运动是防止运动损伤的重要环节。这一阶段的运动有助于减缓心率、降低肌肉紧张度,并促进身体的恢复,从而有效预防运动后可能产生的伤害和不适。

适度的有氧运动是运动后放松的一种有效方式。慢跑或步行一段时间,有助于逐渐降低心率,使身体过渡到平静状态。这有助于减少因运动中产生的代谢废物在体内的滞留,促进血液循环,促使身体更快地恢复正常状态。

静态拉伸运动在运动后也可以起到放松身体、预防运动损伤的作用。通过拉伸运动,可以放松紧张的肌肉,增加肌肉的弹性和关节的灵活性。这有助于减少因运动引起的肌肉疲劳和紧张,降低肌肉和韧带受伤的风险。静态拉伸还有助于平复呼吸,使身体逐渐进入休息状态。

运动后的放松运动是确保身体充分恢复、减少运动损伤的必要步骤。

通过科学的放松运动，运动员能够更好地进行下一次运动，减少潜在的伤害风险，提高运动的效果和持续性。在进行放松运动时，注意选择适合运动员实际情况的方式，并避免强度和幅度过大。过度的放松运动可能导致新的损伤，因此应根据运动的强度和时长，以及运动员的身体情况来调整放松运动的强度和时间。这对于所有参与体育活动的运动员来说都是至关重要的，不仅有助于保持身体健康，也有助于提高运动的愉悦感。

3. 自我保护

运动员在进行体育锻炼时，除了注重运动前的准备运动和运动后的放松运动外，还应该了解并熟知处理锻炼后可能出现的肌肉酸痛和关节不适的方法。这对于及时缓解不适、防范运动损伤以及促进身体康复至关重要。

物理疗法，如使用热敷或冷敷，也可以有助于减轻肌肉的不适感。此外，轻柔的自然按摩也是一种有效的手段，有助于促进肌肉的放松和康复。对于肌肉酸痛，运动员可以采用一些简单的自助方法进行缓解。温水浴是一种有效的方式，通过热水的作用促进血液循环，减轻肌肉紧张，从而缓解肌肉酸痛。

对于关节不适，运动员可以尝试轻度的关节运动，提高关节的柔韧性。适度地伸展和转动关节，有助于减轻关节的僵硬感，缓解不适。同时，应该避免在出现不适时强行进行剧烈运动，给关节足够的时间进行休息和恢复。

然而，如果肌肉酸痛或关节不适的症状持续或加重，运动员应及时寻求专业医疗机构的诊断和治疗。专业医生能够进行全面的身体检查，确定症状的原因，并制定相应的治疗方案，以防止潜在的长期损害。

在进行体育锻炼的过程中，运动员还应密切注意自身的身体反应。及早发现运动损伤的早期症状，如疼痛、不适等，有助于采取及时的措施，避免问题进一步恶化。定期进行体检和咨询专业医生、建立科学的锻炼计划，也是维持身体健康的重要手段。通过这些综合性的措施，运动员可以更好地保障身体在锻炼中的安全和健康。

（三）改进技术动作，合理安排运动负荷

在篮球运动中，运动损伤的发生常常与技术动作的不规范密切相关。

不正确的运动技术会增加关节和肌肉的负担，导致损伤的风险显著提高。例如，错误的跳投姿势、过度的旋转动作或者过大的运动幅度可能导致膝盖、肩膀等关节承受过多的压力，引发损伤。因此，采用规范和正确的技术动作对于预防篮球运动损伤至关重要。

此外，大负荷的运动量也是引发损伤的一个重要原因。篮球是一项高强度的有氧运动，快速的奔跑、跳跃、变向等动作都会对身体的各个部位产生较大的冲击力。当运动量过大或过于频繁时，身体的软组织和骨骼系统容易受到过度磨损，从而导致损伤的发生。特别是在长时间的比赛或高强度的训练中，如果没有充分的恢复和调整，运动员可能面临慢性损伤的风险，如肌肉拉伤、韧带损伤等。

为了预防篮球运动损伤，运动员和教练应注重技术动作的规范性培训，确保运动技术的正确执行。此外，科学合理的训练计划和适度的运动量管理也是至关重要的。通过合理安排训练强度和提供足够的休息时间，可以有效避免运动损伤的发生，保障运动员身体的健康和长期发展。

（四）佩戴保护性措施

为了有效地降低运动损伤风险，可以在局部佩戴一些专业设计的保护性装备，如护腕、护膝等。护腕通常用于手腕部位，通过提供额外的支撑和保护，减轻手腕在运动中的负荷，降低扭伤或压力引起的损伤风险。同样，护膝可以提供支撑，减轻对关节的冲击，降低膝盖受伤的风险。运动中对膝盖的保护对于维护关节健康至关重要，特别是在长时间或高强度运动中。不仅如此，还有其他一些保护性措施，如护肘、护踝等，可以根据个人需要进行选择。

第六章　中国篮球运动的发展

篮球作为一项全球性的体育运动,早在20世纪初就传入中国。最早的篮球比赛可追溯到1895年,当时美国传教士在中国的南京举行了一场篮球表演赛。随着篮球运动的逐渐普及,中国篮球也逐渐开始发展起来了。本章为中国篮球运动的发展,主要介绍了三个方面的内容,依次是中国篮球运动发展概况、中国高校篮球的发展现状及趋势、中国竞技篮球的职业化发展。

第一节　中国篮球运动的发展概况

一、中国篮球运动的起源与发展

篮球运动是在1895年由美国国际基督教青年会派来中国天津基督教青年会就职的第一任总干事来会理（David Willard Lyon）先生介绍传入中国的，逐渐发展成一种社会文化形态。因此，天津是中国篮球运动的发源地。1896年，天津基督教青年会举行了中国第一次篮球比赛，然后逐步由天津向北京、保定、上海、苏州、南京等地以及内地其他省市的青年会、教会学校流行、传播和推广。篮球运动至今已有100多年的历史，逐渐成为中国人民群众喜闻乐见的体育运动之一。在中国教育领域里，篮球已成为一门教育科学，在竞技体育范畴内是重点发展的竞技项目。

篮球运动在中国的发展历史，可以分为三个时期。

（一）传播与缓慢普及时期

这一时期，中国正处于半封建半殖民地时期，篮球运动未得到重视和有组织的传播，基本属于放任自流的状态。直到20世纪初，篮球运动才成为中国大学及中学的主要体育活动，并逐步从学校传入社会。在1910年的第一届全运会上，篮球被列为男子表演项目；在1912年第二届全运会上，篮球被列为正式比赛项目；在1924年第三届全运会上，篮球被列为女子正式比赛项目。男子篮球队参加了10次远东运动会篮球比赛，这些对外交往在一定程度上推动了篮球运动在中国的发展。在1936年奥运会期间，中国成为国际篮球联合会的正式会员国，篮球运动再次被更多人关注。在抗日战争时期，在中国共产党领导的革命军队里，篮球运动是革命根据地的主要体育运动项目之一。当时贺龙同志领导的"战斗篮球队"和陕甘宁边区的"东干篮球队"负有盛名，这对增强军民体质、鼓舞抗日士气有着积极的作用。抗战胜利后，全国各地涌现了不少新的篮球队，为中国体育事业的发展和篮球运动的普及奠定了坚实的基础。

（二）普及、困惑、复苏时期

这一时期中国组织了大学生参加国际比赛。1949年中国学生篮球队参加了第二届世界青年与学生和平友谊联欢节、第十届世界大学生运动会篮球比赛,这是中华人民共和国成立以来篮球队首次出现在国际体坛。1950年,邀请苏联国家男子篮球队来中国访问、比赛,并借此组织学习和研讨活动,对中国篮球训练工作和提高运动技术水平有着重大影响。1951年,北京举行了全国篮球大会。1995年实行全国篮球联赛制度,使篮球竞赛制度化,促进篮球运动在全国的普及发展。1956年公布了第一批篮球运动健将和国家级裁判名单。1975年,中国篮协在亚洲业余篮球联合会取得合法席位。1975年、1976年,中国男、女篮球队分别获得亚洲杯冠军。1979年,国家实行改革开放政策,篮球运动进入最佳发展时期。

中国女篮在1983年第九届世界女篮锦标赛获得第三名;中国男篮在1994年12届世界男子篮球锦标赛上首次进入了世界前八名。

(三)改革创新时期

1994年底,中国开始篮球赛制改革,将以前的联赛"赛会制"改为主客场制。1995年底,赛制改为跨年度的主客场联赛。1997年国家体委成立了篮球运动管理中心,在管理体制上迈出了重要一步,1998年中国大学生体协推出了中国大学生篮球联赛。2001年底,中国女篮举办了主客场联赛。2002年,中国江苏省又成功举办了第十四届世界女篮锦标赛。2004年一项新的大学生篮球赛事——"大学生超级篮球联赛"也应运而生,有600多所高校参与的中国大学生篮球联赛和先后有10多所高校参与的中国大学生超级篮球联赛已经成为中国篮球运动的一道亮丽风景线。在赛制的改革下,众多篮球俱乐部纷纷成立。篮球学校、培训班等社会办篮球的形式开始出现。

随着中国经济的快速发展、全民健身计划的实施及北京2008年奥运会的举办,群众体育飞速发展,群众篮球也得到了较快的发展,篮球竞技水平有了迅速的提高。2018年亚运会,中国男篮勇夺冠军。2023年国际篮联女子亚洲杯,中国女篮夺得冠军。

二、中国篮球运动存在的问题

(一)运动水平下降,教练素质和修养有待提高

20世纪90年代中国篮球运动取得了历史性的突破:1992年和1994年,中国女篮先后夺得奥运会银牌和世锦赛亚军,1994年和1996年中国

男篮先后跻身世锦赛和亚特兰大奥运会八强。胜利之后潜伏着危机，到20世纪90年代后期，中国篮球运动开始滑坡，1999年世青赛上中青队险些垫底；1999年亚锦赛上女篮无缘决赛，仅得第四名，失去了2000年悉尼奥运会参赛资格，女篮跌至历史最低谷。男篮近些年的成绩也相当不理想，2012年，在伦敦奥运会上，姚明已经退役，中国男篮青黄不接，小组赛中0胜5负，排名第十二；2016年，在里约奥运会上，中国男篮在小组赛中0胜5负，连续两届奥运会排名垫底；2021年，在东京奥运会预选赛上，中国男篮位居小组第三被淘汰，无缘东京奥运会正赛。运动水平的下降使中国篮球遭到了前所未有的冲击和挑战。目前，中国的教练队伍大部分由退役的运动员担任，他们在篮球技术素养、比赛经验以及人格魅力等方面都具有一定的优势，但在理论水平、基础理论知识和人文社会学方面的素养还有待全面提高。

（二）管理制度不健全，行为不规范

改革是现代篮球运动发展的动力，同时也是市场经济对篮球产业的发展要求。国家体育总局篮球运动管理中心（以下简称篮管中心）成立以来，篮球管理体制尚不健全，一些部门的规章制度还未形成，法规建设滞后于篮球运动的发展，这些都不利于中国篮球运动水平的提高。对训练工作不够重视，"三从一大"训练原则贯彻不力。从1995年举办CBA联赛以来，竞赛工作搞得热火朝天，但对训练工作不够重视，领导部门和各个俱乐部都未能处理好竞赛和训练、成绩和市场、市场和培养人才的关系，特别对篮球项目的研究不够。"三从一大"的科学训练原则是中国体育工作者总结出来的制胜经验，其核心是从实战出发，但有些队伍训练偏离了这个核心，每天训练时间较长，但训练质量不高，训练难度低，要求不严，练、战脱节。

（三）调节和促进作用不够，竞赛制度有待完善

CBA拉回了观众和球迷，使篮球比赛又火爆起来。但透过现象看本质，很多精彩的比赛和球队的表现是靠内、外援的实力决定的，很多球队存在着"练人不如买人"的观念，认为自己培养年轻队员周期长、花钱多、见效慢，而花高价买外援则会速见成效。这就出现了重竞技轻训练的思想。教练不能将精力完全投入训练中，必须花一定时间考虑外援的引进工作。另外，部分篮球队存在练得多、比赛少的问题，训练与比

赛脱节。种种现象说明，中国的竞赛制度必须改革和完善，使其真正发挥竞技杠杆的作用，对训练工作起到调节和促进作用。

由于我国篮球俱乐部起步较晚，很多篮球俱乐部存在结构不健全、发展不平衡、自我造血功能差的问题。当前中国职业俱乐部大都由体工队转型而成，由体育局和企业联合创办的较多，独资俱乐部较少，部分篮球俱乐部机构设置简单，不具备健全的经营体系和运行机制，产权不明晰，责、权、利不清楚，导致其生存和发展不稳定。

篮球产业在中国具有广泛的基础，包括竞技市场、休闲娱乐市场、电视转播市场、品牌市场等，但目前对这些市场开发少，缺乏经营，难以有效利用自身优势培育和开发市场。

（四）篮球运动职业化发展困境

中国篮球的入门门槛低，退出机制不完善；在联赛上，地方政府插不上手，无法监管，这使得球员的权益难以得到有效保障，阻碍了中国篮球运动职业化的发展进程，同时可能为社会安定埋下隐患，不利于和谐社会的建设。因此，要提高准入的门槛，积极发挥地方体委、政府在联赛监管方面的作用，俱乐部也应当在地方体育局和篮管中心双注册。

（五）篮球运动员职业发展规划设计基础较弱

省市体育局的定位不明，过于强调俱乐部，弱化了政府的角色，未能充分发挥举国体制在联赛中的作用。中国特色社会主义制度是具有鲜明中国特色、显著制度优势、强大自我完善能力的制度，因此我国制订篮球联赛发展规划不能照搬照抄 NBA 所谓现成的、成熟的经验模式。不同的国情必然有不同的发展规律，脱离实际的东西即使搞出来，也只是空中楼阁、纸上谈兵，解决不了实际问题。因此，要坚持党的领导，发挥政府的监管职能，积极探索符合中国国情的项目发展方向，充分发挥举国体制的优势和遵循市场经济的规律。

（六）联赛赛制安排不科学

联赛在赛制安排上没有从实际出发，赛制安排不科学。运动员训练质量得不到提高，国家队集训时间较短，从而影响了国家队参加世界大赛的成绩。改变这种状况，应经过深入调查和广泛论证，使赛制安排将更加科学合理且符合实际。

(七)市场开发较弱,造血功能不足

在我国,篮球有着十分广泛的群众基础,在这种优势条件下,我国篮球市场的潜力是比较大的。但国际品牌仍然占据了中国篮球市场的主导地位,目前中国市场的开发率较低,这也意味着,中国篮球还有巨大的市场空间。对此,一方面,要加强俱乐部建设和运动员思想建设,确立具体的职业化标准,将俱乐部建设纳入准入标准,开源节流,增强造血功能。逐步施行俱乐部财务远程电子化监控,有效降低成本,严格控制预算。另一方面,要求各个俱乐部控制成本;调整裁判接待经费,实施内外援限薪制度。此外,加强舆论引导,完善联赛制度,坦诚沟通,得到媒体和公众的支持。

第二节 中国高校篮球的发展概况

一、中国高校篮球运动的发展背景

1998年,中国大学生篮球联赛的开展象征着中国高校篮球运动开始了发展之路,在后续的发展过程中,中国大学生篮球运动走上中国篮球运动这一更为宽阔的舞台。2004年,中国篮协和中国大学生体育协会共同创办了中国大学生篮球超级联赛,从这一活动开始,篮球运动开始流行于国内各高校。

篮球运动是一项群众基础广泛的运动,深受大学生的喜爱。国内外的许多比赛,如CUBAL、CBA和NBA,都将篮球文化的传播作为比赛的开办主要目的,这样将竞技体育和趣味性结合在一起的运动方式受到了大众的广泛瞩目。篮球以其独特的运动文化魅力吸引着众多学生的参与,让学生达到锻炼身体的目的,同时也对增强学生团队合作意识、提升个人素质有着重要的促进作用。

校园篮球是中国群众篮球的重要组成部分。当前的校园篮球课更为重视对学生综合素质的培养,实现学生的全面发展,让学生在参与篮球运动的过程中,构建起终身体育意识,从而在日常生活中锻炼身体素质,提高体能水平。

篮球运动能够促进体育课程的多样化开展，以及学生身体素质的有效提升。而且学生对体育运动也会产生浓厚的兴趣，从而促进校园篮球运动的发展。

二、中国高校篮球运动在发展中存在的问题

高校篮球运动开始于1998年的中国大学生篮球联赛这一比赛开始的，也是从这一年开始，中国大学生篮球运动被正式纳入中国篮球运动这一范畴。为了推动中国大学生篮球运动的健康持续发展，2004年，中国篮协和中国大学生体育协会举办了中国大学生超级联赛，为中国高校篮球运动拓展了发展空间，更多有特长、有潜力的年轻运动员被吸纳入高校，为中国高校篮球运动的发展注入了生命力和活力。但是目前，中国高校篮球运动的发展也存在不少问题，具体表现在以下五个方面。

（一）竞技水平不高

在美国等发达国家中，高校篮球的比赛水平已经达到了专业化的程度。但是中国的篮球运动受到苏联训练模式的影响，又在很长的一段时间内处于计划经济体制的发展环境中，因此竞技体育和高校体育教学没有结合在一起，竞技体育未来的发展受到了限制，但是高校体育的教学往往是业余化的训练。因为体育活动的专业化和普及化程度较低，所以中国高校的竞技水平较低。

（二）发展目标定位出现偏差

在近些年来的体育事业建设过程中，我国的竞技体育事业也获得了较大的发展，这也说明了我国竞技体育管理的实际情况和管理模式是符合我国体育发展需要的。但是，如果从学生个人综合素质提高方面来说，目前的竞技体育人才培养模式无法满足所有学生的需求。高校体育教育专业化程度不高，以及体育运动训练和教育的开展过程出现了一定的错位问题，使得我国在一些体育事业领域方面缺少后备的人才资源。在多年的竞技体育事业发展过程中，我国的竞赛市场没有得到充分的发展，而且对人才的培养也存在较多的问题。

(三)体育教师的水平有待提高

在我国竞技体育事业的建设和发展过程中,教师起到了重要的推动作用。在我国高校中,篮球队的教练通常是由学校的体育教师来担任的。学校内部的教师通常是体育专业毕业生,接受了系统化的理论知识学习,但是很多人的运动训练实践经验不足,专业水平有限,缺少参与重大篮球赛事的经验。当一些篮球练习经验丰富的学生进入高校篮球队开展训练时,他们接受的指导水平不高,所以在篮球专业水平上难以得到提升。虽然近年来,一些更为专业的篮球教练进入了高校教练队,但是篮球队的整体执教水平仍然有待提升。

(四)专业运动训练不科学

目前,中国高校篮球队的运动训练状况并不理想,这主要是训练时间不充足、训练方法和手段落后、训练强度低、训练的检测和恢复很不完善等原因导致的。高校篮球运动员不仅要忙于文化课学习,还要安排时间练习篮球,导致练习时间不充分,练习安排不连贯,这样有限的时间和精力是无法满足篮球练习需要的。在训练强度上,由于目前中国用于高校运动的经费较少,体育器材短缺,导致训练量和强度达不到要求。因为我国篮球队的训练条件有限,所以在实际的训练过程中,篮球队的教练通常只开展基础性训练活动,训练的主要内容以技战术训练为主,对体能和心理等方面开展的训练较少。在训练过程的检测和运动后的恢复方面,中国多数高校篮球队基本属于空白状态。

(五)赛制不符合实际

当前,我国大学生篮球联赛的赛制主要有两种,分别是赛会制、主客场相结合赛制,赛会制一般是在八强赛及八强赛之前的赛事中使用,到了半决赛之后,开始使用主客场制。但是主客场制是在大学生超级联赛的全程中使用的。在联赛的基础选拔赛中,比赛的地点都设置在省会城市,赛点的位置不够集中,参赛队伍不多,每个球队之间的实力差距较大。在选拔赛开展的过程中,经常会出现宣传不到位的情况,所以选拔赛在社会层面和各个高校之中的影响力较小。在大学生篮球联赛分区赛开展的过程中,一般会使用赛会制的赛制,减轻学生在时间安排上的压力，促进球队的整体管理，并减轻学生的课业学习负担。但实际情况是，比赛和训练的时间往往会出现冲突，给队员和教练都带来较大的心理压力，对队员实际比赛能力的发挥产生了一定的负面影响。大学生超级联赛的宣传力度较大，实践的机会也较多，有利于球队实战能力的提升，但是超级联赛的赛制持续时间长，为球队带来了经济上的负担和压力，大部分高校都无法承担这一成本。

三、中国高校篮球运动的发展趋势

进入21世纪，篮球运动，以新的姿态、新的面貌在高校得到迅速普及和发展。未来的篮球运动在高校的发展将会有以下三种趋势。

（一）普及广泛，形式多样

篮球运动由于其自身所具有的集体协同、时空对抗等特点而充满挑战性和趣味性，在高校校园内得到了进一步发展和普及，成为颇具校园文化特色的、名副其实的文化娱乐和强身健体、修身养性的手段。因此，篮球运动遍布于我国各个高校，成为大学生学习和生活的重要组成部分。多种形式的篮球活动在高校广泛开展，如三人制篮球、街头篮球、轮椅篮球等多种活动形式广泛存在于各高校。

（二）充分发挥教育功能

人文教育在当前社会发展中发挥着举足轻重的作用，篮球的教育、健身、社交和经济功能得到越来越多人的认同。在参与篮球训练和篮球比赛的过程中，队员的团结意识和协作能力都能够得到锻炼，从而提高球队整体的精气神；另外，篮球运动中激烈的身体对抗过程还能够培养运动员坚强的意志力。在竞技运动蓬勃发展的背景下，人们开始学习先进的篮球训练理念，如篮球运动所蕴含的精神人文就受到了广泛的关注，指在篮球运动中除了培养队员的基本竞技能力，还要培养队员的健康人格、正确体育观念和团队协作精神，使篮球运动成为一个更为人性化的运动项目。在日常高压的文化课学习氛围中，学生可以积极参与篮球活动，排解自己内心的压力。在参与篮球比赛的过程中，学生的荣誉感、使命感、意志力等都能够得到锻炼和发展。

(三) 实现理论与实践的科学化

现在的篮球比赛和篮球运动中广泛地出现了现代科技的身影，篮球的训练手段、体能水平、技战术、理论和观念等都得到了一定的创新和发展。实践和训练的方式将更为科学、合理，多元化技战术方法在比赛和训练中的应用，促进了篮球训练理论的新发展。在新理论和新思想发展的背景下，比赛的制度也得到了发展和创新，篮球的理论和篮球的实践都在进步和创新。这不仅有助于高校培养更多的大学生篮球高手，同时有利于高校篮球教学的长久发展和不断完善。

第三节 中国竞技篮球的职业化发展

中国职业体育发展的时间并不长，还未形成成熟的制度和体系。而欧美一些国家的职业体育运动已经发展了上百年的时间，在社会体育活动繁荣到一定阶段之后，职业体育运动应运而生。在社会整体生产力不断提高的背景下，社会范围内的体育消费市场不断扩展，而且在奥运会的参赛项目中增添了棒球、足球和篮球等运动之后，这些项目的开展更加如火如荼，体育项目的职业化进程得以加快。1994年，足球项目的职业化发展象征着我国的竞技体育进入了职业化的阶段，篮球项目也于1995年在足球之后开始了职业化的进程，这一进程的开始是以赛制改革为标志的。

一、中国竞技篮球职业化的探索历程

(一) CBA 的由来

在篮球运动发展到一定阶段之后，出现了竞技篮球职业化的趋势，竞技篮球职业化也是运动市场化的必然结果。在世界范围内，世界竞技篮球都已经出现了发展的前端趋势，最为成功的案例是美国的NBA，这一赛事的成功为世界其他国家的篮球赛事发展提供了模板。但是，中国毕竟不是竞技篮球职业化的发源地，对于篮球职业化在中国的发展，中国的管理者应该高级重视这一问题。1994年12月20—21日，全国篮球竞赛工作会议在北京召开，时任中国篮协常务副主席兼秘书长杨伯镛

在全国篮球竞赛训练工作会上郑重宣布：1995年全国男篮甲级联赛将实行主客场、跨年度的新赛制，就此标志着中国篮球职业联赛的新赛制诞生。①1995年，中国篮协和国际管理集团（International Management Group，IMG）展开了合作，中国第一次举办了以主客场赛制为比赛基础的"八强赛"，在美国"美国职业篮球联赛"名称的影响下，国内的一些媒体也使用了"CBA"来称呼我国的这一篮球赛事。1995年出台的《CBA篮球联赛技术手册》是"CBA"这一名称第一次出现在正规的文件中。从《CBA篮球联赛技术手册》的规范要求之后，我国的每届联赛除了使用全称（××年度中国男子篮球甲A联赛）之外，一般都会将比赛统称为"CBA联赛"。②

Chinese Basketball Association的首字母组成了"CBA"，"CBA"也代表着中国篮球联赛的缩写。这一缩写的表示方法具有便于记忆、特色突出、宣传方便的特点，公众很容易就接受了这一官方的表达。在20余年的创新和探索之后，CBA已经形成了品牌的效应，并在全国范围内产生了深刻的影响。2009年的《中国体育赛事现状及发展研讨》显示，在赛事喜爱度、赛事关注和赛事认知三项统计排名中，CBA均排名第一。

（二）中国职业篮球俱乐部的形成与发展

职业篮球俱乐部是职业篮球的一种组织形式，是现代体育界的重要组成部分。中国竞技篮球为了开展有效的体制改革活动，开始推行职业篮球俱乐部制度。这一举措说明了我国在新的市场经济条件下进行中国竞技篮球职业化探索与改革的尝试，推动了我国竞技篮球的市场化、产业化和社会化的综合发展，并起到了正面的作用。1995年，中国篮协在借鉴我国足球职业化经验的基础上，与国际管理集团开展了密切的商业合作，并将赛制的改革作为职业化的先锋，将篮球运动的职业化和产业化作为未来发展和进步的重要任务，在这一背景下，不仅我国的篮球职业化程度有所提高，而且也建立了我国的职业篮球俱乐部。广东宏远篮球俱乐部是我国的第一家职业篮球俱乐部，其正式成立的时间为1993年12月28日。

---

① 余丽华、张月英、高瞻：《篮球》，北京体育大学出版社2007年版，第240页。
② 张自明：《对CBA联赛市场开发现状及发展对策研究》，首都体育学院2005年硕士学位论文。

在1995—1996赛季，12家俱乐部参与到了中国男子篮球甲级联赛，在1996—1997赛季，中国篮协和中国香港的精英公司展开了密切的合作关系，精英公司主要提供活动经费。虽然在内外部环境各种因素的影响下，1996年成立的中国职业篮球联盟联赛（Chinese New Basketball Alliance，CNBA）仅仅开办了一个赛季就结束了，但是这一赛事的开办过程还是为我国职业篮球俱乐部的发展提供了一定的基础条件。中国篮球自1995年开始实行职业化、产业化、市场化改革，中国职业篮球俱乐部的经营方式也发生了较大的转变，主要从过去的企业赞助形式发展为向实体化、法人化的方向转变。

我们在此可以对中国职业篮球俱乐部的所有制性质做出一个划分，并将其划分为3种类型。一是与政府联办的合作型俱乐部。这里所说的政府不是宏观意义上的政府，而是体育局。北京首钢、江苏南钢都是政府联办的合作型俱乐部。二是企业自己创立的俱乐部，将职业篮球比赛当作一个单独的产业发展。广东宏远、山西中宇都是企业创办的俱乐部。三是股份制的俱乐部，这一类型的俱乐部股份是由投资方的具体出资数量而决定的。上海东方、辽宁盼盼都是股份制俱乐部的典型案例。从体育事业宏观发展的角度来说，中国职业体育发展的大背景决定了中国职业篮球俱乐部的出现和发展方向。职业篮球俱乐部的发展影响着职业篮球市场，以及联赛的专业化水平。在当前体育职业化发展的背景下，中国篮球俱乐部的总体发展情况并不乐观，虽然其中也有一些较为成功的职业篮球俱乐部，但毕竟是少数案例。虽然"宏远"模式仅能够提供一些经验上的借鉴，还没有形成根本意义上的职业化，但这一发展模式体现了我国篮球职业化的本质和特色。

二、中国竞技篮球职业化发展受困的主要原因

在政治环境和经济环境的影响下，体育发展的内在规律也产生了相应的体育体制。体育体制的发展过程和体育环境的情况是息息相关的，因为体育环境决定了动态变化的客观规律。中国竞技体育举国体制和体育体制的发展规律是相同的。在中国政治生态环境的发展过程中，我国社会主义市场经济体制也得到了体制上的优化。另外，在世界范围竞技体育职业化的整体趋势影响下，我国体育体制的发展环境也受到了较大

的影响。但是，在中国篮球职业化发展的背景下，偶尔出现一些问题也是常见的，为了更好地解决中国篮球职业化发展中的问题，首先要分析其发展过程中存在的各种问题。

（一）过早追求市场效益

篮球运动起源美国，在美国职业篮球的发展过程中，NBA成立于1996年，最终成为世界范围内非常成功的职业篮球商业模式。NBA作为一个成功的商业模式，其主要特点在于浓厚的娱乐氛围。NBA的成功与其持续引进高水平篮球人才、市场经济环境的支持都是密切相关的。但是，我国的篮球职业化发展之路是在这两个关键因素缺乏的条件下开始的。篮球职业化开展的目的不仅是培养高水平的篮球运动员，提高我国篮球运动在国际赛事上的成绩，更为重要的是，在市场化环境下做好资金的安排，充分发挥人才和市场的双重驱动力。

在我国的竞技体育环境中，发展竞技体育最为重要的目标是取得名次或者刷新比赛纪录，这样的目标设置不仅体现了我国综合国力提升的具体背景，也反映了中华民族的金牌情结。随着体育职业化的发展进程不断加快，我国在一些竞技水平与其他国家有较大差距的项目上，采取了转换金牌效益的措施。在过去的体工队模式中，国家财政负责运动员的所有开销，运动员的最终目标就是取得良好的成绩，刷新成绩的纪录。随着职业化的发展，市场因素被引入体制的改革之中，为了开发体育经济的潜在市场，激发体育体制的潜能，必须在体育模式中引入一定的社会资本。所以，在这一发展的背景下，职业篮球俱乐部出现了，在过去的俱乐部模式中，国有因素起到了主要的推动作用，但是随着职业化改革的不断深入，中国职业篮球俱乐部引入了许多类型的所有权形式。CBA联赛职业篮球俱乐部中的所有制形式是非常多样的，这也是我国篮球职业联赛的一大特点。

在中国竞技篮球职业化的发展历程中，联赛市场的两个主要组成部分是篮协和俱乐部。金牌效益和市场效益是篮球发展的两大动机，这两个动机必须实现协同发展。对于一些民营或外资性质的职业篮球俱乐部，最为重要的目标是追求经济效益。虽然职业篮球俱乐部在理念和实践两个方面都存在着不够协调的问题，但是从更为宏观的角度来说，CBA联赛对市场效益有着较高的追求。虽然从体制和成绩的角度来说，篮协更为重视金牌效益，但对联赛的经济市场开发情况掌握着绝对的领导权。俱乐部更加注重经济效益，为了尽可能地获取更高的经济效益，俱乐部主动在篮协允许的运作范围内开展经济活动。因为俱乐部对市场效益的追逐过于猛烈，所以众多俱乐部之间也开始了恶性的攀比和竞争，例如，部分俱乐部为了追求市场效益，不断增加投资量，导致俱乐部的财政出现了问题。

（二）忽视人才培养

国外的职业体育市场发展得较早，追求经济效益已经成为其关键的价值目标。所以，我们可以将职业体育看作市场经济体制环境下，竞技体育和商业化因素相结合的结果。NBA的商业化特征是非常突出的，就算是声望最高的篮球明星也在俱乐部的管理之下。篮球明星的高经济价值稳定了NBA的发展根基，所以NBA的发展离不开优秀人才的作用。职业篮球的资本因素只是NBA成功的一部分原因，其成功的根本原因还在于篮球运动员的卓越表现，只有篮球运动员在篮球场上表现出色，球员的注意力经济价值得以发挥，职业篮球的效益才能够得以提升。当然，我们不应该因此忽视市场效益的重要性，而是将发展的重点转向对篮球人才的培养。

在实施职业化改革之后，我国的竞技篮球后备人才培养体系出现了一定的变化。人才培养的平台转变为俱乐部，所以俱乐部的水平也决定着我国篮球后备人才的培养水平。但目前的情况是，以民营俱乐部为代表的大众俱乐部在培养人才的理念方面还存在着较大的不足，俱乐部过于注重对短期利益的追逐，而没有在后备人才的培养上下功夫，甚至一些民营的俱乐部还认为，篮球后备的人才培养和俱乐部没有太大的关系，国家和政府应该负责人才培养，在这一观念的影响下，仅有少数的俱乐部成功培养出了后备人才。在我国篮球开始进行职业化改革之后，运动员的职业化发展之路也发生了变化，过去的篮球人才都是从体工队中培养出来的。但是在现在的发展背景下，优秀的篮球人才往往都想进入俱乐部训练，因此俱乐部成为篮球人才培养的关键平台。在这一背景下，篮协也开始认识到后备人才培养的重要性，并在俱乐部的准入条例中加入了人才培养的相关要求。但是，优秀人才的培养并不是一蹴而就的。

为了培养出高水平的人才，俱乐部应该在理念、资金、经验、成绩等方面下功夫。但是很多俱乐部并不重视这些方面的工作，所以俱乐部人才培养过程中的差异性、随意性较大。

（三）职业意识淡薄

职业意识是指人们对于职业劳动的总结性认识，包括评价、情感和态度等多个方面的内容。职业意识也影响着人们对职业行动和职业活动的综合看法，影响着人们的工作效果、工作效率和敬业程度。对于职业篮球这一领域来说，职业意识是指行为主体参与职业篮球活动之后，在活动中积极思考篮球的运动规律，从而产生的特殊机能和能力，这些职业篮球活动一般包括管理活动、商业运作、市场开发、比赛和训练等多种模式。职业篮球的行为主体主要包括赛场的观众、裁判员、运动员和俱乐部等。若这些主体在不同因素的影响下，没有产生明确的职业意识，则可能导致整个行业对职业意识的认识不足。

（四）裁判员职业道德有待提高

在篮球比赛中，裁判员决定着比赛的结果，裁判是比赛走向的掌控者。在一些职业联赛中，裁判的裁决情况影响着俱乐部、教练、运动员等主体的发展。在现代职业篮球运动的发展过程中，比赛和效益的竞争呈现越来越激烈的趋势，对裁判员的职业道德提出了更高的要求。另外，在市场化和商业元素的影响下，裁判员的裁决判定在一定程度上发生了较大的变化。

NBA对裁判员通常实施职业裁判制度。职业裁判制度对裁判的职业地位、职业道德、职业技能、职业意识等提出了较高的要求。所以，对于职业化的裁判来说，其职责就是对篮球比赛的结果做出判定，所以他们在裁判职业领域有着较大的发展空间。美国职业联赛的发展受到多种因素的共同影响，其中就包含职业裁判这一因素，职业裁判员具备较高的综合水平和敬业精神有利于促进联赛的健康可持续发展。但是在法律法规、业务技术、观念、经济等方面条件的综合制约下，中国职业篮球联赛仍未全面实施职业裁判制度。但是，在中国竞技篮球职业化改革进程不断推进的背景下，篮球职业裁判制度的发展和完善是大势所趋。但是裁判并不是机器，篮球比赛职业裁判和业余裁判在职业技能和职业道德水平方面的要求是不存在区别的，就算在NBA中，裁判这一因素也会出现一定的问题。对于中国的职业篮球联赛来说，在发展的过程中应该注重裁判职业化水平的提升，目前裁判职业化水平提升的关键在于增强裁判的职业道德感。

在不同的工作领域，不同工种的道德规范都是不同的，道德规范反映在篮球裁判中，主要体现为裁判的公平和公正。如果裁判对自己的道德要求不够严格，出现了懈怠，就会对相关的比赛主体产生较大的相关影响。与NBA相比，CBA还在探索和发展的过程中，包括裁判在内的所有行为主体的职业化程度都不够理想。在盲目追求经济利益的情况下，有部分俱乐部贿赂裁判员，让裁判员在比赛中偏袒一方，这种有悖于裁判员职业道德的做法会对职业联赛的公平公正造成一定的影响。

（五）球迷文化有待培育

职业体育赛事得以发展的根基是观众。对于负责职业篮球发展事务的中国球协而言，中国篮球联赛观众数量持续增加，也说明了篮球运动的影响力正在不断扩大。对于俱乐部来说，现场观众的活跃度和比赛的文明程度都能够影响运动员水平的发挥效果。

在联赛中，球迷发挥的作用是非常关键的，如果比赛中没有球迷的参与，联赛也就无法举办，因此在举办联赛时应该充分尊重球迷的需要。在广大球迷的支持下，中国篮球联赛才得以举办，但是观众也必须认识到，篮球比赛是文化的一个类型，在职业篮球的组成中，观众的作用是非常重要的，观众的素质和素养决定了职业联赛的开展情况。在目前中国篮球联赛中，球迷的素养水平还有待提升，比如，如果对自己支持球队的表现有较大的不满，有的球迷可能恶意攻击裁判和客队的球员，并不断投掷杂物。球迷应具备较高的人文素质，客观看待比赛成绩，专注比赛的整个过程。一些俱乐部会因为球迷的不文明行为，受到一定的经济损失，并影响CBA联赛的健康形象。所以，为了提高CBA联赛的职业化程度，我们应该重视对球迷素质的提升，因为球迷的素质影响着职业联赛的发展前景。

三、中国竞技篮球职业化改革发展路径

(一)转变中国篮球协会职能

CBA联赛受到篮协的统一管理,但是目前的具体情况是,我国的篮球运动处在一个试验化的发展阶段,也就是在竞技篮球和职业篮球发展的交叉口。篮协应该从两个方面开展工作,一是国家队的比赛成绩,这是关键的指标;二是联赛的开展,为联赛制定比赛的相关要求,并积极探索篮球和经济市场的融合,处理联赛中的各类事务,这是软指标。所以,中国篮协作为中国篮球发展的引领者,应该肩负起促进篮球运动发展的责任。在联赛不断发展的背景下,篮协从管办不分、事企不分等问题中摆脱出来,从而实现自己职能的转变。

篮协从繁多的日常事务中摆脱出来之后,应该将工作的着力点放在以下3个方面:第一,制订和完善符合我国篮球发展实际情况的规划和政策内容,从微观化的领导转变为宏观化的领导,将主动的行政手段调节转变为政策内容上的调节;第二,做好篮球运动的相关普及类工作,让篮球运动影响大众的日常生活,从而在保证普及效果的基础上,做好对人才的普及;第三,篮协应该充分发挥自身的长处,创建一个国家层面的服务团队,并将这一服务团队的优势充分利用起来。

中国篮球运动是随着社会的转型而不断发展的,中国篮球运动来到了发展的岔路口,竞技篮球和职业化篮球运动还在初步融合的发展阶段。篮球运动的一个突出特征就是竞技性,作为受到中国人民热烈欢迎的体育项目,篮球运动在国际上的比赛成绩,不仅体现了我国体育建设的实际水平,也推动着中国篮球运动的未来发展。在中国目前体制的影响下,竞技成绩十分重要。所以,现阶段篮球运动的主要任务是提高国家队的竞技成绩,并在发展的过程中推动篮球发展的职业化进程。

(二)确保竞技篮球真正做到联赛为本

在国际竞技体育发展的过程中,国家级优秀运动员的培养和发展有赖于高水平的职业体育,在体育职业化的发展趋势下,能够吸引更多的青少年参与篮球运动。职业体育不仅能够给观众带来一定的情绪感受和情绪价值,还能够为篮球带来更多的经济价值,从而提升产业链的发展

水平。职业体育的发展能够将竞技体育、群众体育、体育产业等结合起来，实现体育产业和经济社会的协同发展。通过 NBA 以及欧洲足球五大联赛的发展，可以发现这样的一种规律，在职业体育开展情况良好的地区，其项目文化、市场价值、竞技成绩和群众基础都能够达到一个较高的综合水平。

参考过去世界篮球锦标赛和奥运会的比赛情况，世界上篮球运动成绩好的国家都是职业化程度较高的国家，这实际上也体现了体育职业化的切实成效，展示了职业化篮球的发展潜力。职业化篮球之所以具有良好的发展潜力，主要是因为职业化体育项目的体制模式和运行机制都是非常值得借鉴的，能够将竞技篮球的发展和市场经济的成效充分地结合在一起；在职业化背景下，运动员的收入能够得到有效增长，运动员的运动热情得以激发，而且职业篮球的发展也需要一定的收入作为保障，这样大众才能够加深对人才培养重要性的认识，并重视人才梯队建设，从而促进篮球运动的持续健康发展。虽然在今后的一段时间内，CBA 的职业化程度不会猛增到一个较高的水平，但是职业化是一个重要的发展趋势，而且在联赛水平不断提升的当下，国家队竞技的水平也会有所提升。

虽然当前 CBA 联赛的赛事运作模式还不够专业化，存在管办不分、政企不分的问题。但是在中国体育产业发展和变化的背景下，体育产业化和职业化会实现较大的发展和进步。虽然在中国市场经济体制发展和国有企业的股份改造的影响下，CBA 联赛的发展方向已经确定，即向股份制的方向发展，虽然短期内我们不可能完全学习并掌握 NBA 职业联盟的发展模式，但肯定的是，股份制的模式肯定会给 CBA 联赛的发展带来一定的机遇，尤其是在俱乐部自我循环发展能力不断提高的背景下，俱乐部的良性循环发展也能够得到持续。CBA 俱乐部的相关负责人员也深刻地体会到后备人才是俱乐部能够得以持续发展的关键，而俱乐部后备人才的有效培养，最为关键的因素是有资金和教练作为保障。在俱乐部规模不断壮大的背景下，俱乐部可以结合市场和品牌的作用，为自己召集更多的后备人才，同时应该建立起大学篮球的人才培养基地。

(三)有效整合人才培养资源

中国竞技篮球后备人才培养模式应该与时俱进，进行积极的转变，打造多元发展的人才培养格局。这一举措的意义是非常重大的，一方面，可以聚集起全社会的力量，实现对篮球后备人才的培养目的，丰富人才培养的方法，并拓宽人才发展的道路；另一方面，可以解决政府"一家独办"问题，使政府可以丰富自身在人才培养方面的职能，提高中国竞技篮球后备人才培养的整体效益，为中国竞技篮球职业化过程的实现提供有力的保障。

1. 政府出台政策，吸引更多青少年投身篮球运动

如果后续人才的储备不足，那么篮球运动的选择就不够多样，不能够充分挖掘出具有潜能的篮球人才。为了提高人才培养质量，必须先从数量上下手，从而实现普遍意义上的提升，这也是中国发展竞技体育的根本基础。在具体的动员手段上，我国可以从其他国家篮球后备人才发现和培养的方式上吸取一定的经验。政府可以在更大的地域范围内开展多样化的篮球夏令营活动，扩大夏令营活动的影响力。通过开展篮球活动，我们可以在更大的范围内提高学生对篮球的学习兴趣，挖掘有潜力的运动少年。对于学生来说，少年时期的兴趣是非常重要的，会影响人的一生，就算他们在参加夏令营之后没有再参与篮球训练，但是他们也会在心里播下对篮球兴趣的种子，这样的持续性影响也会对篮球运动的发展产生正面的支撑作用。如果缺少广大观众的支持，即使再火爆的运动项目也会受到严重的影响，逐渐变得冷门。篮球运动不仅要充分激发起青少年儿童的广泛兴趣，还应该建立一个系统化、及时性的训练内容体系。

2. 大力培养教练人才

中国竞技篮球人才培养的实际效果受到多种因素的共同影响，其中一个重要的因素就是教练。如果教练的整体水平和素质较高，那么可能对人才的培养起到积极的作用，及时挖掘人才，并将人才输送到训练机构，保障人才的可持续发展。在实际的人才培养过程中，我们可以发现两个比较主要的问题：一是教练没有在合适的年龄挖掘出人才，使得人才错失了最好的学习时机；二是教练使用的训练方式不适合学生个人，

学生的发展空间较小，无法获得进步，也因此无法成为专业的篮球人才。可见，我国的篮球教练整体水平有待提升。在2000年雅典奥运会的训练周期，我国的男篮队为了提升自己的竞技水平，请来了外籍的教练担任国家队的主教练。在这之后，篮协开始了对教练的培养，并定期选拔国内一些年轻教练去美国学习。当然，这些积极的培养举措确实对我国国内培养运动员的方式有所创新，提升了国内教练的实际水平，完善了人才培养体系。但是，当前篮协选拔的篮球教练范围还不够广泛。运动员的高水平不仅体现在现代化的理念上，还体现在现代化的篮球教学训练方法和手段上。基层教练的水平影响了我国后备人才的培养水平，也影响着人才的数量和质量。所以，政府应制订一个完备的计划，按照规范的步骤来培养基层的教练，同时应该重视出国进修这一方式起到的作用。

3. 疏通输送阻滞，加强人才流动

人才的培养需要系统化的协作，这个协作过程中的每个环节都存在着十分密切的联系，任何一个环节的问题都会对整体效果产生一定的负面影响。在俱乐部人才培养的过程中，输入渠道不畅通的问题也是非常突出的。在人才培养的过程中，运动员和俱乐部之间的沟通和交流是非常重要的。目前的问题是，交流基本上都是单向的沟通，许多俱乐部的队员都进入高校代表校队参与高校篮球联赛。但是按照相关文件的要求，如果球员已经在俱乐部时期就被登记在篮协中，那么这名队员是不能够参与CUBA的，只能参与要求较为宽松的CUBS，但是现在CUBS的规模和覆盖率仍然较小。

CUBS的比赛主要在大城市举办，覆盖率不高，因此一些俱乐部的队员无法参与到CUBS，从而为球队内部的交流带来一定的困难。以山西境内的比赛为例，因为山西境内缺少CUBS高校球队，为了让俱乐部的一些队员可以参与高校联赛，俱乐部并没有为相关的队员注册篮协的相关信息，因为记录在篮协就意味着这名队员无法参加CUBA了。在这样的情况下，俱乐部的整体水平都出现了下滑的趋势，而且很多运动员在联赛等高层次比赛中的锻炼不足。

为了实现俱乐部和高校运动队的交流和沟通，政府应该做出积极的改变，针对目前交流中存在的问题进行改善。第一，应该鼓励俱乐部和所在地的高校共同建立一个运动队，积极参与到CUBS，这样篮球人才培养的道路也拓宽了，联赛的影响力也得到了进一步的扩展。另外，这样的做法可以为当地的 CBA 俱乐部二线球员提供发展的便利条件，让他们可以选择更为适合自己情况的职业道路。第二，应该建立相关的试训机制和下放机制。NBA 为了挖掘新的人才，通常会采用试训和下放锻炼的方式。根据我国竞技篮球的人才培养情况，可以采取以下措施：在各类联赛中选拔优秀者进入俱乐部开展训练和练习，在优秀教练和周围环境的保障下，使运动员的个人潜能得到充分的挖掘，避免因培训不足导致人才资源浪费，这一举措的提出主要是为了解决教练水平不足的问题。另外，俱乐部可以主动派出非主力球员，让他们参与高校联盟的篮球比赛，在二线队员的参与方面，可以适当放宽在人数上的限制。然后根据球员的具体表现，决定是否可以让他们留在高校中，同时可以在俱乐部中引入剩余的球员，实现俱乐部和高校的良好交流态势。

4. 政府建立健全人才库

在相关政策的支持下，政府可以建立一个覆盖范围广泛、能够展示不同运动员交流动态的人才库。因为人才库中的运动员年龄不同，运动的实际水平也存在较大的不同，所以我们可以将人才库工程看作一个系统的、体量较大的工程，但是如果工程竣工了，其产生的效益便是可持续性的。首先，政府可以及时了解不同水平运动员的实际练习情况，并根据这一总结性结论对人才培养的实际措施做出相应的调整。其次，政府可从根本上了解不同水平运动员的交流和转会的情况，从而对这一情况做出实际的调节。最后，在政府的宏观调控下，人才交流层面的恶性竞争问题可以得到有效解决，同时也为一些俱乐部在人才竞争方面提供了良好的机会，并且很多俱乐部的品牌效应和综合实力较强，内部的人才竞争十分激烈，因此会造成较大的人才资源浪费问题。

5. 建立篮球人才培养专项基金

人才培养是一个长期性的系统工程，要完成人才培养的工作需要相关主体加大对这一工程的投入力度。当前，篮球人才培养的方式是多种多样的，其中最为关键的因素就是资金保障。在职业篮球俱乐部的发展过程中，后备人才和资金紧张的问题较为常见，给为学校体育工作的开展带来了较大的困扰。针对中国竞技篮球后备人才培养资金和资源紧张的问题，政府方面可以和篮协合作，成立相关的基金会或者基金组织。基金的筹集方式是多方面、多来源的。首先，篮协可以从国家教育投资的方式出发，也就是按照相应的生产总值数量按比例加大对教育事业的相关投入力度。其次，篮协可以从举办联赛获得的收入出发，按照相应的比例分配人才培养专项基金。最后，为了获取更多的资金，可以多开展一些带有商业性质的比赛。当把这些资金筹集起来之后，一方面可以将其用于定期定额的资助工作，另一方面可以给表现积极的主体相应的资金奖励。在具体奖励的额度方面，应该根据运动员的水平和实力进行细致的额度划分。

（四）科学制订中国篮球运动发展规划

科学的规划内容是中国篮球事业得以发展的前提条件。为了实现中国篮球事业的良好发展，应该科学制订相应的发展规划，如果只是简单地规定发展的方向，那么在发展中就会偏离实际的发展需要。在篮球运动的发展过程中，大到整个国家层面的规划，小到每个部门的规划，都会影响篮球运动最终的发展成效。篮协是带领我国篮球运动发展的重要发展职能部门，必须制订更为科学、系统的规划体系。但是在具体的实践中，篮协的发展规划缺乏组织性和科学性，规划的内容缺乏体系性。对此，篮协可以从中国篮球发展的实际情况出发，以下3个方面出发制订中国篮球运动发展规划：

1. 明确指导思想

在进行相应的规划时，应该树立一个清晰的指导思想，也就是要用科学发展观的相关理念，做好规划的制订工作。在制订规划时，要从更为全面的角度认识到科学发展观的实质性内容，从而在具体的实践中有效落实科学发展观的实际精神。

2. 建立健全规划体系

在开展规划之前，必须从国家这一宏观的角度出发，明确自身的发展和规划内容，使自身的发展规划符合国家层面的整体需要。所以篮协在制订和实施发展规划的过程中，要加强协调工作，做好各岗位的衔接系，从而让不同类型的规划可以共同形成协调的关系。

3.完善规划制订的程序和方法

制订规划的过程不是单纯将理论知识组织在一起,也不是领导人的灵光一现,这一过程是一个科学、系统的过程,为了保障规划内容的合理性,可通过科学论证、专家研究、社会参与等多种方式进行设计。在篮球的发展规划层面,应将社会上的不同声音组织在一起,并将不同类型领域的意见结合在一起,充分发挥大众的智慧,实现集思广益的效果。

参考文献

[1] 刘龙:《篮球运动教学与系统训练研究》,吉林人民出版社 2023 年版。

[2] 张秀梅:《篮球运动基本技术教学与训练》,吉林人民出版社 2021 年版。

[3] 毛剑杨、刘海磊:《篮球运动理论与育人实现途径研究》,西南交通大学出版社 2018 年版。

[4] 刘洋、曹国强、周怀球:《篮球运动多维发展探析与科学化训练》,九州出版社 2019 年版。

[5] 陈杰:《篮球运动教学理论创新与实战技巧研究》,中国原子能出版社 2019 年版。

[6] 刘海明:《基于系统科学理论的篮球运动训练管理与方法探索》,中国原子能出版社 2018 年版。

[7] 陈树华、许永刚:《篮球运动训练理论与方法》,广东高等教育出版社 2000 年版。

[8] 刘颖:《篮球运动训练指南》,吉林文史出版社 2006 年版。

[9] 孙福茂、贺笑一:《现代篮球运动教程》,教育科学出版社 2000 年版。

[10] 胡磊、张超:《篮球运动技战术与体能营养研究》,西南交通大学出版社 2018 年版。

[11] 梁希仪:《我在美国看篮球:从 NBA 到 CBA》,内蒙古大学出版社 2008 年版。

[12] 王梅珍、于振峰:《篮球技术训练》,陕西科学技术出版社 1993 年版。

[13] 刘少英、王童:《控制原理与篮球技术教学》,国防科技大学出版社 2000 年版。

[14] 李颖川、郑钢、李国岩:《篮球技术教学与训练：运动系专修》,北京体育大学出版社 2007 年版。

[15] 张三璋、张景富:《篮球防守基础技术战术训练法》,黑龙江科学技术出版社 1987 年版。

[16] 刘颐、王锦明、李瑞琪:《篮球技术与基本原理》,百家出版社 1991 年版。

[17] 寇振声:《篮球教学与训练法》,人民体育出版社 1987 年版。

[18] 胡文娟:《高职院校篮球教学研究》,吉林人民出版社 2020 年版。

[19] 石颖:《青少年篮球教学训练体系研究》,吉林大学出版社 2021 年版。

[20] 孙彬:《篮球教学与训练多方位研究》,吉林文史出版社 2021 年版。

[21] 王振中:《现代高校篮球教学理论与实践研究》,吉林大学出版社 2020 年版。

[22] 闫萌萌、张戈:《当代高校篮球教学与训练实践研究》,山西经济出版社 2020 年版。

[23] 孙海勇:《篮球教学创新与系统训练研究》,吉林大学出版社 2019 年版。

[24] 董海、徐野平、郑森文:《篮球教学全图解》,成都时代出版社 2016 年版。

[25] 谭晓伟、岳抑波:《高校篮球教学开展的理论与实践研究》,吉林人民出版社 2018 年版。

[26] 李昊泽:《新形势下篮球体能训练的常见问题及解决措施探析》,《田径》2023 年第 5 期。

[27] 董好杰:《功能性训练在篮球体能训练中的应用》,《田径》2023 年第 5 期。

[28] 张飞月:《刍议青少年篮球运动员体能训练对运动损伤的防治》,《田径》2023 年第 4 期。

[29] 王镤:《中国篮球产业发展现状与对策研究》,《文体用品与科技》2023 年第 7 期。

[30] 白云飞:《篮球技术训练中的对抗训练方法研究》,《体育世界》2023年第3期。

[31] 张运来、孙帅、赵永恒:《篮球专项力量训练研究综述》,《当代体育科技》2023年第2期。

[32] 张宇晨:《篮球运动员膝关节损伤因素及预防对策研究》,《当代体育科技》2023年第1期。

[33] 马昂:《辅助器材在篮球技术训练中的应用》,《文体用品与科技》2022年第24期。

[34] 李文意、陈钧、毛永强:《国内外校园篮球研究现状、热点及前沿的可视化分析》,《哈尔滨体育学院学报》2022年第5期。

[35] 张壮壮:《篮球运动中抢断球技术训练研究》,《科技资讯》2017年第35期。

[36] 赵博:《篮球运动员下肢纵跳力量的训练研究》,《普洱学院学报》2019年第6期。

[37] 刘佳丽:《简析大学生篮球运动员损伤预防与康复训练》,《赤峰学院学报(自然科学版)》2019年第12期。

[38] 武展:《多方向移动训练法在普通高校女子篮球训练中的应用效果研究》,《宜春学院学报》2019年第12期。

[39] 伊志强、张良祥、于鑫勇:《新时代篮球裁判员培养再审视——从娃娃抓起》,《青少年体育》2019年第12期。

[40] 何鹏飞:《高校篮球训练中体能训练现状和对策》,《当代体育科技》2019年第36期。

[41] 刘鹏:《CBA选秀现状研究——以大学生球员为例》,《体育风尚》2019年第12期。

[42] 王镤、王敬红:《美国职业篮球联赛运营策略对中国职业篮球联赛的启示》,《文体用品与科技》2019年第23期。

[43] 张辉:《中国竞技篮球职业化发展的逻辑》,《巢湖学院学报》2014年第6期。

[44] 马栋:《试析核心力量训练对篮球技术发展的重要性》,《三门峡职业技术学院学报》2018年第4期。

[45] 李淑敏、耿琰、王衍卜:《竞技篮球比赛制胜因素研究》,《中国校外教育》2018年第33期。

[46] 黄华:《中美篮球理念之差异及其文化根源研究》,《广州体育学院学报》2018年第3期。

[47] 王守文:《篮球训练中快攻意识的培养》,《当代体育科技》2015年第35期。

[48] 章颖:《篮球训练中快攻意识的培养》,《科技展望》2015年第27期。

[49] 张利超:《俄罗斯国家竞技篮球运动新崛起带来的启示》,《北京体育大学学报》2014年第10期。

[50] 曾进辉:《功能训练理念与篮球运动体能训练》,《安顺学院学报》2014年第6期。

[51] 曾伟:《中国篮球发展史》,《新体育》2021年第2期。

[52] 陆广:《我国职业篮球运动员协会构建研究:域外经验与本土设计》,武汉体育学院2021年博士学位论文。

[53] 刘海明:《中美青少年校园篮球发展模式的比较研究》,山西大学2020年博士学位论文。

[54] 张向荣:《我国篮球裁判员执裁行为研究》,东北师范大学2019年博士学位论文。

[55] 杨政盛:《篮球运动员损伤预防性体能训练理论建构与实证研究》,北京体育大学2018年博士学位论文。

[56] 赵述强:《我国职业篮球俱乐部核心竞争力理论架构及分析研究》,北京体育大学2017年博士学位论文。

[57] 李成梁:《我国职业篮球运动员自我管理研究》,北京体育大学2016年博士学位论文。

[58] 王新雷:《中国男子篮球职业联赛运行机制复杂性研究》,北京体育大学2016年博士学位论文。

[59] 董芮:《我国篮球体能训练研究进展——基于科学知识图谱的可视化

分析》，北京体育大学 2017 年硕士学位论文。

[60] 朱洪涛：《篮球技术统计指标体系的研究》，北京体育大学 2015 年硕士学位论文。

[61] 徐鹰：《核心力量训练对篮球运动员作用的影响和分析——以吉林大学篮球专业学生为例》，吉林大学 2012 年硕士学位论文。

[62] 刘银龙：《我国青少年篮球运动员技术测试指标体系及评价标准的研究》，首都体育学院 2012 年硕士学位论文。

[63] 蔚世超：《美国大学篮球教练训练理念研究》，浙江师范大学 2012 年硕士学位论文。

[64] 靳强：《核心稳定性训练对篮球运动员灵敏素质影响的实验研究》，北京体育大学 2011 年硕士学位论文。

[65] 赵新民：《"多元反馈教学法"在篮球技术教学中的应用研究》，首都体育学院 2010 年硕士学位论文。

[66] 曹体望：《我国青少年篮球运动员专项体能训练研究——以 CUBA 运动员为例》，西南大学 2008 年硕士学位论文。

[67] 钟洪珂：《篮球技术统计指标体系的分析与实证研究》，吉林体育学院 2017 年硕士学位论文。

[68] 吴文飞：《现代篮球传球技术表现特征与发展趋势研究》，成都体育学院 2013 年硕士学位论文。

[69] 刘旭东：《核心力量对篮球运动员技术影响的研究——以内蒙古师范大学学院篮球队为例》，内蒙古师范大学 2012 年硕士学位论文。

[70] 刘风雨：《对 CBA 与 NBA 篮球后卫队员技术手段运用的对比研究》，辽宁师范大学 2008 年硕士学位论文。

[71] 刘宏超：《篮球"三威胁"动作技术原理分析与研究》，东北师范大学 2007 年硕士学位论文。

[72] 毛毛：《把篮球运动打造成"陕西第一运动"》，《陕西日报》2022 年 11 月 4 日第 11 版。

[73] 陶相安：《校园篮球 茁壮成长》，《人民日报》2022 年 9 月 8 日第 16 版。

[74] 王镜宇:《大学生篮球联赛"黑马"是如何炼成的》,《新华每日电讯》2022年7月6日第11版。

[75] 赵晓展:《中国篮球再上奥运领奖台》,《工人日报》2021年7月9日第8版。

[76] 薛原:《共筑中国篮球美好明天》,《人民日报》2017年2月26日第7版。

[77] 张卫平、马跃南、薛原:《中国篮球该学什么》,《人民日报》2012年2月27日第15版。

[78] 单磊、张旭东:《绝境重生,中国篮球完成救赎之旅》,《新华每日电讯》2010年12月24日第7版。

[79] 谢光飞:《央视用传媒产业化促进篮球产业化》,《中国经济时报》2006年5月29日第3版。

[80] 李长云:《中国篮球打进博览会》,《人民日报》2006年4月19日第12版。

[81] 李军、王建君:《篮球带动大市场》,《宁夏日报》2006年4月25日第1版。

[82] PP体育:《中国篮球运动发展报告:篮球人口1.25亿 认可度居三大球之首》,2021年12月,百度(https://baijiahao.baidu.com/s?id=1719740643790229808&wfr=spider&for=pc)。

[83] 永远:《篮球高手必练——核心力量训练(基础篇)》,2018年12月,豆瓣(https://www.douban.com/note/689728126/?_i=3920128m0ogGNL)。

[84] Rong J, "Air pollution detection in plain area based on web server and visualization of basketball training", *Arabian Journal of Geosciences* Vol.15,2021.

[85] Haifu L, "Research on Basketball Sports Training Based on Virtual Reality Technology", *Journal of Physics*:*Conference Series* Vol.3,2021.

[86] Wenbing Z, "Retraction Note to:Influence of soil-rock mixture and basketball endurance training management based on virtual network

mapping", *Arabian Journal of Geosciences* Vol.23, 2021.

[87]Liu D, "Analysis of Problems Existing in Teenager Basketball Physical Fitness Training", *Advances in Educational Technology and Psychology* Vol.10, 2021.

[88]Zhaowei L, "Research on the Application of Computer Virtual Technology in Basketball Sports Training", *Journal of Physics: Conference Series* Vol.3, 2021.